Maan Hameed

Podejście o niskiej mocy do wdrażania kodowania Huffmana

Maan Hameed

Podejście o niskiej mocy do wdrażania kodowania Huffmana

Dla wysokiej kompresji danych

Wydawnictwo Bezkresy Wiedzy

Imprint

Cover image: www.ingimage.com

Publisher:
Wydawnictwo Bezkresy Wiedzy
is a trademark of
International Book Market Service Ltd., member of OmniScriptum Publishing Group
17 Meldrum Street, Beau Bassin 71504, Mauritius

Printed at: see last page
ISBN: 978-620-2-44673-0

Drogi czytelniku,

książka, którą posiadasz, została pierwotnie wydana pod tytułem "Low Power Approach for Implementation of Huffman Coding", ISBN 978-620-2-31711-5.

Jego publikacja w języku polskim jest możliwa dzięki zastosowaniu najbardziej zaawansowanej sztucznej inteligencji dla języków.

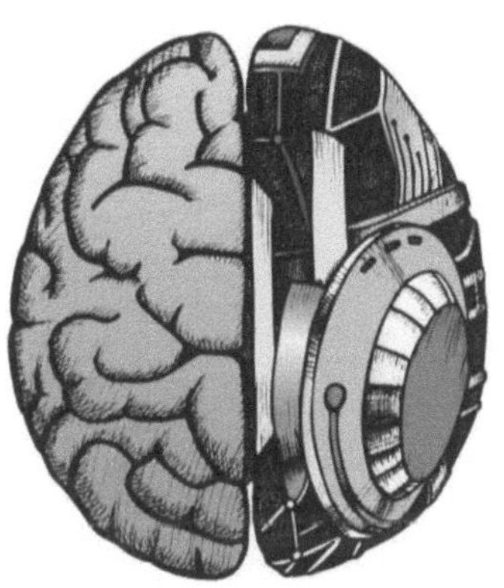

Technologia ta, uhonorowana pierwszą w historii Honorową Nagrodą Sztucznej Inteligencji w Berlinie we wrześniu 2019 r., naśladuje sposób działania ludzkiego mózgu, dzięki czemu jest w stanie uchwycić i przetłumaczyć nawet najmniejsze niuanse w bezprecedensowy sposób.

Mamy nadzieję, że znajdą Państwo wiele satysfakcji z tej książki i uprzejmie prosimy o uwzględnienie wszelkich rozbieżności językowych, które mogłyby wyniknąć z tego procesu.

Miłego czytania!

Wydawnictwo Bezkresy Wiedzy

DEDYKACJA

Ta książka poświęcona

Wszystko, co kocham

Szczególnie

Moich najdroższych rodziców.

Moja ukochana żona.

Za ich niekończącą się zachętę, cierpliwość i wsparcie oraz za bycie wspaniałym źródłem motywacji i inspiracji.

Wszyscy moi przyjaciele

I do mojej ojczyzny, Iraku.

Podejście o niskiej mocy do wdrożenia kodowania Huffmana dla wysokiej kompresji danych

MAAN HAMEED

Ministerstwo Zasobów Wodnych, Państwowa Komisja ds. Zbiorników i Zapór Wodnych, Irak

maan_eng32@yahoo.com

maanhameid34@gmail.com

ROZDZIAŁ 1

Streszczenie

Rozproszenie mocy jest wąskim gardłem w projektowaniu urządzeń elektronicznych o małej mocy, które pracują na wysokich częstotliwościachW . związku z tym sygnał zegara jest głównym źródłem rozproszenia mocy . Technika bramkowania zegara na poziomie architektury może zostać wdrożona w celu zmniejszenia mocy dynamicznej i mocy zegara. W artykule przedstawiono implementację układu dekodera i enkodera Huffmana z bramką zegarową. Obwód Huffmana jest zaprojektowany z bramkowanym zegarem, ponieważ zoptymalizował rozpraszanie mocy bez pogorszenia wydajności. Niniejszy artykuł ma na celu implementację, analizę i porównanie różnych zasobów energii przy użyciu technik bramkowania z projektowaniem Huffmana w bibliotece 130 nm. Technologia zastosowana w tym papierze to bramkowany obwód zegara wykorzystujący różne typy bramek, aby uzyskać najlepszą wydajność dla projektu Huffmana. Zegar bramkowany służy do sterowania enkoderem i obwodem dekodera. Wyniki projektu pokazują, że zastosowanie techniki bramkowania z zegarem AND jest lepsze niż bramkowanie z zegarem z zatrzaskiem. Zmniejsza moc i powierzchnię bardziej niż bramkowanie zegara opartego na zatrzasku. Proponowany projekt Huffmana jest realizowany przy użyciu metodologii projektowych ASIC z biblioteką technologii 130 nm. Architektura projektu Huffmana została stworzona przy użyciu języka Verilog HDL, Quartus II 11.1 Web Edition (32-Bit). Symulacja jest przeprowadzana przy użyciu ModelSim-Altera10.0c (QuartusII 11.1) Starter Edition.

Słowa kluczowe - Brama zegarowa, rozpraszanie mocy, moc dynamiczna, techniki o niskiej mocy.

1.1 Wprowadzenie

Zapotrzebowanie na kompresję danych i niskie zużycie energii jest motywowane kilkoma czynnikami, takimi jak ewolucja przenośnej konstrukcji, efekty niezawodności i elastyczności. Ewolucja przenośnych narzędzi, takich jak smartfony i laptopy, jest niezbędnym elementem napędzającym popyt na połączenie tych dwóch celów kompresji danych i niskiego zużycia energii w projekcie. Zapotrzebowanie na urządzenie przenośne rośnie z roku na rok i przewiduje się, że w przyszłości będzie rosło. Od samego początku ludzie zawsze potrzebują środków komunikacji. Ponadto, technologia doprowadziła do ewolucji najlepszych systemów, które ogólnie ułatwiły życie. W ostatnich dziesięcioleciach nastąpił gwałtowny rozwój urządzeń i usług, który doprowadził do szybszego i bardziej niezawodnego rozwoju i rozwoju projektów cyfrowych. Są one możliwe, ponieważ przenośne urządzenia elektroniczne stały się bardziej wytrzymałe dzięki zwiększeniu możliwości obliczeniowych oraz poprawie szybkości i niezawodności komunikacji. Jednak każdy wzrost prędkości i niezawodności wiąże się z wyzwaniami. Dwa najważniejsze wyzwania to kompresja danych i zużycie energii. Zredukowany rozmiar danych prowadzi do zmniejszenia powierzchni potrzebnej do przechowywania danych. Redukcja ta jest osiągana poprzez usunięcie nadmiarowych danych. Celem kompresji danych jest przedstawienie oryginalnego źródła danych w strukturze cyfrowej z jak najmniejszą liczbą bitów przy jednoczesnym spełnieniu najmniejszej konieczności reprodukcji danych oryginalnych. Przetwarzanie małych rozmiarów danych zdecydowanie zużywa mniej energii niż duże rozmiary, ponieważ moc potrzebna do przesyłania i przechowywania nowego rozmiaru jest mniejsza niż pierwotny rozmiar pliku. Ponadto, ostatnio większe i bardziej wydajne baterie są wykorzystywane do rozwiązania problemu nadmiernego zużycia energii. Dlatego też w dzisiejszych czasach kwestie ekonomiczne i środowiskowe zmusiły naukowców do zastanowienia się nad poprawą i odkryciem rozwiązań zmniejszających zużycie energii i zwiększających niezawodność projektów cyfrowych. Zadanie to zostało ulepszone w odniesieniu do biblioteki kompilatora mocy Synopsys i ma na celu zbadanie praktyk i ocenę technik projektowania cyfrowego w zakresie kompresji danych i zmniejszenia zużycia energii. Przepływ projektów zbudowany przy użyciu narzędzi Synopsys EDA (elektroniczna automatyzacja projektowania) i bibliotek technologii 130 nm, które są obecnie wykorzystywane w przypadku dojrzałych produktów w celu wdrożenia całego oprogramowania i sprzętu w projekcie Huffmana w zakresie kompresji danych. Projekt Huffmana oparty o drzewo binarne używane do zmniejszania rozmiaru danych jest użyteczną techniką kompresji symboli referencyjnych, które nie są jednolicie prawdopodobne. Wytwarza najniższą prawdopodobną ilość symboli kodu na symbol źródłowy. Bezstratny sposób kompresji i dekompresji procesu wykorzystującego proste kodowanie zwane kodowaniem Huffmana jest stosowany w danych tekstowych obejmujących wszystkie znaki języka angielskiego.

Ponadto zapotrzebowanie na zwiększone urządzenia elektroniczne o niskiej mocy i wysokiej wydajności doprowadziło do badań nad techniką niskiej mocy [1]. Algorytm kodowania Huffmana jest szeroko stosowany w redukcji wielkości danych. Jest to działanie danych o kompresji z wykorzystaniem mniejszej ilości bitów niż nieskompresowane, które wykorzystują określone schematy kodowania [2].Zmniejszenie wielkości danych jest techniką pozwalającą na zmniejszenie ilości informacji wykorzystywanych do wyświetlania dowolnej zawartości bez nadmiernego obniżenia jakości informacji [3]. W związku z tym, potrzeba redukcji mocy projektowej jest trudnym zadaniem, ponieważ problem ten prowadzi do wzrostu temperatury i sprawia, że projekt jest niestabilny. Ponadto należy skrócić czas pracy baterii.

Prowadzone są badania nad zminimalizowaniem mocy kodera Huffmana i zaproponowano różne techniki o niskiej mocy. Dlatego też rozproszenie mocy stało się wąskim gardłem w realizacji większej liczby egzekucji. Prowadzi to do badań nad systemami VLSI o małej mocy i dużej prędkości. Rozproszenie mocy jest szacowane przez czynniki takie jak moc upływu, moc zwarcia i moc dynamiczna, w tym częstotliwość, napięcie zasilania, aktywność przełączania i kondensator [4]. Matematyka rozpraszania mocy jest przedstawiona jako:

Suma = Dynamika + Prędkość obwodowa + Przeciek........................ (1.1)

Moc dynamiczna obejmowała aktywność przełączania, ponieważ prąd płynie tylko podczas logicznych przejść w sieci, termin dynamicznego rozpraszania mocy zależy od częstotliwości taktowania zegara (możliwe przejścia na sekundę) i aktywności przełączania (obecność lub brak przejść faktycznie występujących w sieci w kolejnych cyklach taktowania). Wyższa częstotliwość zegara jest tym częściej występuje aktywność na stanie tranzystorów (zmiana wartości), przyczyną aktywności urządzeń synchronicznych jest zmiana zegara. Innymi słowy, moc przełączania wynika z ładowania i rozładowania zewnętrznego obciążenia pojemnościowego na wyjściu komórki .Parametry te można zsumować w poniższym wzorze:

Pdynamiczne = α FCV2…………………………………………………………..(1.2)

W równaniu (1.2):

C: pojemność.

α: aktywność przełączania.

V: napięcie zasilania.

F: częstotliwość .

Dlatego też techniki zarządzania energią mogą być stosowane na różnych poziomach w projektowaniu. Badania nad technikami projektowania małej mocy prowadzone są na poziomie technologicznym, obwodowym, logicznym, architektonicznym i systemowym. Badanie wyraźnie wskazuje, że poziom optymalizacji mocy jest wysoki na poziomie systemu niż na poziomie tranzystora. Techniki niskiego poboru mocy to: wiele progów, wiele napięć, skalowanie napięcia statycznego, dynamiczne skalowanie napięcia i częstotliwości redukcji mocy, bramkowanie mocy i bramkowanie zegara .[5] Każda z tych technik wiąże się z wyzwaniami związanymi z ich wdrażaniem. W niniejszym artykule zastosowano techniki zarządzania niską mocą na poziomie systemu w odniesieniu do enkodera i dekodera Huffmana .Obwód jest weryfikowany poprzez zastosowanie różnych technik bramkowania zegara, a mianowicie bramkowania zegara opartego na zatrzasku oraz technik bramkowania zegara opartego na mechanizmach AND .Huffman design jest układem synchronicznym, działa w odniesieniu do wejścia zegara do projektowania. Większy pobór mocy w konstrukcji synchronicznej zużywa więcej energii w sygnale zegara. Z badania wynika, że zegar zużywa do 30% całkowitego zużycia energii elektrycznej w projektowaniu [6] [7]. Dlatego też potrzeba zmniejszenia tej mocy jest wyzwaniem dla naukowców i projektantów w zakresie nowoczesnego wzornictwa. Technika bramkowania zegara, a mianowicie zastosowanie bramki AND i zatrzasku, jest stosowana w konstrukcji Huffmana, a analiza mocy dla każdej z nich jest objaśniona w części II. Sekcja III opisze wdrożenie Huffmana z wykorzystaniem techniki bramkowania zegarowego, sekcja IV da szczegółowy wgląd w wyniki uzyskane z wdrożenia, sekcja V podsumuje wyniki i dyskusję.

Zegar bramkowania, jak zaproponowano nazwę, jest stosowany do nieaktywnego sygnału zegara, który obsługuje sekwencyjne bloki w projektowaniu cyfrowym, podczas gdy ich rejestry nie są używane. Metoda ta umożliwia zmniejszenie aktywności przełączania odpowiedzialnej za większą część ogólnego rozproszenia mocy, które wynika z ładowania/rozładowania pojemności obciążenia o nazwie moc dynamiczna. Ponadto bramkowanie zegara jest jedną z najważniejszych metod zmniejszania rozproszenia mocy w obwodach cyfrowych. Podstawową ideą jest zatrzymanie zegara w tych częściach konstrukcji, które nie pracują w danym okresie, aby zmniejszyć aktywność przełączania w rejestrach i przenieść dane z tych rejestrów w celu uzyskania znacznej oszczędności energii. Skalowanie częstotliwości służy do podziału zegara głównego na podmoduły w projekcie i sprawia, że każdy z nich działa w trybie szybkim i powolnym. Wdrożenie skalowania częstotliwości wiąże się z uruchomieniem dodatkowej jednostki logicznej w bramie zegara i ten styl jest wykorzystywany w celu zmniejszenia aktywności przełączania.

Ponadto, powstaną duże szanse na spotkanie i radzenie sobie ze środowiskami biznesowymi, zaawansowanymi technologiami i najnowocześniejszymi narzędziami EDA z integracją zespołu systemowego jednego ze światowych mózgów w narzędziach EDA. Niepotrzebne zużycie energii w układzie scalonym komplikuje ich wykorzystanie w systemach przenośnych. Powoduje to również wysokie temperatury, które obniżają jakość urządzenia i zmniejszają żywotność układu scalonego [8]. Wymagania konsumentów dotyczące większej funkcjonalności i wysokiej wydajności prowadzą do generowania wysokich temperatur, ponieważ wysoka wydajność wymaga wysokiej częstotliwości, podczas gdy nie wszystkie dane wymagają tej samej częstotliwości do wykonania, część danych wymaga implementacji niskiej częstotliwości. W związku z tym umieszczenie konstrukcji do pracy w jednej częstotliwości prowadzi do wysokiej temperatury i zmniejsza żywotność układu scalonego. Dlatego też zużycie energii elektrycznej przez system cyfrowy stało się ważniejsze, ponieważ projektanci poświęcają znaczną część czasu na optymalizację projektów pod kątem minimalnego zużycia energii [9]. Sekwencyjna konstrukcja zużywa dużą ilość energii, ponieważ sygnał zegara przełącza się przez cały czas. Dodatkowo, sygnał zegara jest zwykle przeciążony [10].

Ponadto zmniejszenie zużycia energii nie tylko wydłuża żywotność baterii w urządzeniach przenośnych, smartfonach czy całych nowoczesnych urządzeniach, ale także zwiększa niezawodność poprzez zmniejszenie kosztów ogólnych, co jest bardzo ważne dla utrzymania stabilności konstrukcji bez przegrzania [11]. Celem jest utrzymanie niskiej temperatury na niskim poziomie, aby uniknąć ograniczeń projektowych. Metodologia osiągania tego celu polega na tym, aby osiągać wyniki tylko wtedy, gdy są one wymagane. Naukowcy poszukują najlepszych technologii redukcji mocy bez pogarszania wydajności [12].

Kodowanie Huffmana z konstrukcją o niskiej mocy jest kluczem do kompresji danych i technik redukcji mocy używanych przez wielu projektantów. Co więcej, jest to jeden z wielu dobrze znanych systemów o niskiej mocy, które bardzo skutecznie zmniejszają rozpraszanie mocy w projektowaniu cyfrowym. Celem bramkowania zegara jest nieaktywne lub tłumi zmianę części ścieżki zegara, takich jak flip-flop, sieć zegara i logika w pewnych warunkach obliczanych przez obwody bramkowania zegara [13]. Innymi słowy, zegar jest wyłączony, gdy w bramkowaniu zegara nie ma potrzeby zmniejszania zużycia energii. Brama zegarowa po prostu wyłącza zegar, gdy niepotrzebnie zużywa energię. Stosując podaną procedurę, zużycie energii elektrycznej spada nawet o połowę, nie wpływając na osiągi konstrukcji [14]. Aby kontrolować poziom temperatury, układ scalony wymaga specjalistycznych i kosztownych rozwiązań w zakresie pakowania i chłodzenia, które w przyszłości spowodują wzrost kosztów systemu. Rosnące zapotrzebowanie na przenośne urządzenia komunikacyjne i systemy komputerowe zwiększyło potrzebę optymalizacji zużycia energii w układzie scalonym. Ogólnie rzecz biorąc, projektowanie o niskiej mocy jest kluczową technologią potrzebną w dzisiejszym przemyśle półprzewodników. Kompresja danych przy niskim poborze mocy jest użyteczną techniką w systemie cyfrowym. Zmniejszenie rozmiaru danych jest najważniejszym celem w projektowaniu ASIC, a zużycie energii jest jednym z popularnych problemów ograniczających wydajność projektowania. Rozproszenie mocy może być zredukowane poprzez utrzymywanie zasobów pamięci w małych rozmiarach. Jednym ze sposobów osiągnięcia tego celu bez wpływu na wydajność jest zastosowanie kompresji danych. W związku z tym kompresja danych przy niskim poziomie rozproszenia mocy jest odpowiednim sposobem na rozwiązanie tych problemów. Dlatego praca ta ma na celu zaprojektowanie kompresji Huffmana dla wszystkich angielskich alfabetów w oparciu o drzewo binarne. Ponadto, proponując nowatorską metodę niskoenergetycznych technik zmniejszania zużycia energii w projekcie, mającą na celu przezwyciężenie głównego mankamentu projektu Huffmana, jakim jest narzut generowany w procesie kodowania i dekodowania [15], dlatego zmniejszenie rozproszenia mocy jest jednym z najważniejszych celów systemu cyfrowego. Celem zastosowania bramkowania zegara i skalowania częstotliwości dla projektowania małej mocy jest zaproponowanie nowatorskiej metody osiągania elastyczności projektowania poprzez umożliwienie każdej modułowi pracy w trybach szybkich i wolnych [16]. Metoda ta uwzględnia charakterystykę wymagań systemowych. Wreszcie, badania te mają na celu zaprojektowanie kodowania Huffmana dla procesu dekompresji kompresyjnej z zaproponowaniem optymalizacji mocy skalowania częstotliwości i bramkowania zegara (POFSCG). W tej pracy, sygnał zegara został wygenerowany poprzez połączenie dwóch uderzeń optymalizacji mocy w celu zmniejszenia zużycia energii i realizacji elastyczności konstrukcji.

1.2 Zakres badania

W pracy tej wprowadzono proponowany Huffman do kompresji danych i niskiego zużycia energii. Głównym parametrem wykorzystywanym do kompresji danych była częstotliwość wykorzystywanych danych, natomiast głównym parametrem w technikach małej mocy była częstotliwość sygnału zegara [17]. Dlatego też częstotliwość stanowiła główne ograniczenie dla projektu. Typem danych wykorzystywanych w procesach kompresji i dekompresji były dane tekstowe. Ocenę wydajności osiągnięto poprzez kompresję danych za pomocą kodowania Huffmana w oparciu o drzewo binarne i dynamiczną moc przy użyciu technik małej mocy. W tym przypadku nastąpiło zmniejszenie częstotliwości taktowania zegara w poziomie projektowania podsystemu, aby umożliwić każdemu modułowi pracę na własnej częstotliwości. Przetestowano różne poziomy częstotliwości dla sygnału zegara, a wyniki połączono w celu uzyskania końcowego efektu końcowego projektu. Z wyników oceny jasno wynikało, że konstrukcja o niskiej mocy oparta na bramkowaniu zegarowym i skalowaniu częstotliwości była najlepszą kombinacją pozwalającą na osiągnięcie niezawodności i niskiego zużycia energii. Zaproponowany projekt został osiągnięty dzięki zastosowaniu metodologii projektowania ASIC. W celu wdrożenia architektury enkodera i dekodera, do oceny wydajności projektu wykorzystano biblioteki Silterra 130 nm z kompilatorem mocy Synopsys. Architektury projektowania algorytmów kompresji i dekompresji zostały stworzone przy użyciu języka Verilog HDL (Quartus II 11.1 Web Edition (32-Bit). Ponadto, symulacja została osiągnięta przy użyciu ModelSim-Altera 10.0c (Quartus II 11.1) Starter Edition.

1.3 Wkład do niniejszej książki

Zaproponowana struktura może obsłużyć dużą ilość danych i zminimalizować zużycie energii przez system deweloperski. Sugerowane techniki mające na celu poprawę wielkości danych i rozproszenia mocy. Proces kompresji do czynienia z dużymi rozmiarami danych i zaproponował nowy podmoduł był połączeniem dwóch technik projektowania o małej mocy. Zegar bramkowania i skalowanie częstotliwości zostały wykorzystane do osiągnięcia niskiego zużycia energii w konstrukcji Huffmana, aby umożliwić każdemu modułowi szybkie i wolne tryby pracy. Wygodnym sposobem na to jest regulacja częstotliwości za pomocą wersji dzielnika zegara głównego. Powodem tego było to, że system mógł osiągnąć niski pobór mocy, pozwalając każdemu podsystemowi pracować na własnej częstotliwości, aby uniknąć wysokich częstotliwości dokładnie wtedy, gdy system był potrzebny.

ROZDZIAŁ 2
PRZEGLĄD LITERATURY

2.1: Wprowadzenie

Wiadomo, że kompresja danych przy użyciu technik małej mocy jest trudnym procesem w projektowaniu ASIC. Kilku badaczy próbowało to osiągnąć, proponując różne metodologie mające na celu rozpraszanie małej mocy i kompresję danych przy jednoczesnej poprawie wydajności projektu. Co więcej, kwestia oszczędzania energii została poruszona tak szeroko przez naukowców w prawie wszystkich dziedzinach, których to dotyczy, w celu wypracowania różnych rozwiązań, które prowadziłyby albo do niskiego zużycia energii, albo do całkowicie odczuwalnego oszczędzania energii. Kompresja danych jest opisywana jako sztuka i nauka reprodukcji danych w stylu wyraźnie skróconym lub odtwarza dane w stylu skompresowanym, a nie w oryginalnej formie lub nieskompresowanym pliku. Innymi słowy, przy użyciu skompresowanych danych można zmniejszyć ilość specjalnego pliku. Istnieje wiele technik używanych do kompresji danych, które są możliwe do zmniejszenia rozmiaru danych przy użyciu różnych technik. Niniejszy rozdział zawiera przegląd różnych podstawowych technik bezstratnej kompresji danych. Wyniki eksperymentalne i porównania kompresji bezstratnej z wykorzystaniem metod kompresji statystycznej zostały wykonane na danych tekstowych. Dlatego też niniejszy rozdział zawiera przegląd poprzednich prac, które zostały przeprowadzone w dziedzinie technik małej mocy i kompresji danych, ze szczególnym uwzględnieniem zalet i wad tych technik.

Informacje wyrażane są w postaci sekwencji danych i powtórzeń. Dane to informacja, która musi być przechowywana w oryginalnej konfiguracji, aby dokładnie zrozumieć cel lub znaczenie danych. Powtórzenie to ta część informacji, która może zostać wyodrębniona, jeśli nie jest wymagana lub może zostać ponownie wprowadzona w celu zrozumienia informacji, jeśli zajdzie taka potrzeba. Najczęściej powtórka jest ponownie wprowadzana w celu utworzenia podstawowych informacji w pierwszym trybie. Metoda zmniejszająca powtarzalność informacji nosi nazwę procesu kompresji. Powtarzalność w opisie informacji jest zmniejszona we wcześniej wymienionych przypadkach, ponieważ może być w konsekwencji ponownie wprowadzona w celu uzyskania informacji podstawowych. Metoda ta nosi nazwę dekompresji danych.

Proces kompresji danych jest ogólnym zapotrzebowaniem na maksimum skomputeryzowanego celu. Istnieje wiele technik kompresji danych, które są stosowane do kompresji różnych form informacji. Również w przypadku jednego rodzaju danych istnieje wiele różnych technik kompresji wykorzystujących różne strategie [18]. Procesy kompresji mogą rozwinąć jakość, z jaką informacje są zapisywane poprzez zmniejszenie liczby informacji o reputacji. Technika kompresji otrzymuje oryginalne dane wejściowe i generuje identyczny skompresowany plik tekstowy, podczas gdy technika rozszerzenia wykorzystuje skompresowany dokument jako wejście i konstruuje oryginalny dokument jako wynik tego wejścia. Ogólny charakter procesu kompresji rozumie dokument źródłowy jako serię słów wybieranych przez znaki. Powtórzenie opisu sekwencji S jest L(S)-H(S), gdziekolwiek (S) jest długością reprezentacji w bitach, a H(S) jest jej entropią zawartości danych, w zależności od tego, która z nich jest dalej wyświetlana w bitach. Ponadto, aby zawęzić cokolwiek skompresowanego oznacza, że posiada się część informacji i zmniejsza się jej rozmiar. Istnieją różne metody realizacji tego celu i każda z nich ma swoje zalety i wady. Innym z nich jest określenie, która część dokumentu nie jest konieczna, a jedynie przekazanie tej części [19]. Należy zauważyć, że żadna technika kompresji nie jest w stanie skompresować serii do niektórych bitów niż jej entropia bez braku danych [20]. Kompresja Huffmana jest jedną z najlepszych metod zmniejszania rozmiaru danych.

Adaptacyjne kodowanie Huffmana wymaga wykorzystania projektu wyważania drzew, który może być lepiej zaimplementowany do informacji wymaganych przez technikę adaptacyjnego kodowania arytmetycznego. W celu kompresji danych, stosunek redukcji wielkości danych jest głównym problemem. Ponadto, kompresja może być ustawiona jako bezstratna lub nieudana. Bezstratny proces odtwarza pierwotny styl informacyjny skompresowanych danych, nie tracąc żadnych szczegółów informacji. Dlatego też dane te nie różnią się w zależności od sposobu kodowania lub dekodowania. Te klasy kodowania procedur nazywane są odwracalnymi kompresjami. Bezstratne metody kodowania są wykorzystywane w celu zmniejszenia rozmiaru obrazów medycznych, tekstu i obrazów zapisanych do odpowiednich celów, plików wykonywalnych przez komputer itp. Jednak metoda kompresji stratnej odtwarza tekst pierwotny, w tym brak kilku danych. Nie jest uzasadnione przywracanie pierwotnych informacji przy użyciu metody dekompresji. Dlatego też nazywa się ją nieodwracalną kompresją [22]. Metoda dekompresji generuje w niedoskonałej regeneracji. Może być przydatna, jeśli jest wykorzystywana do informacji z jakiejkolwiek dziedziny, która nie może być odbierana przez ludzki mózg, może być ignorowana. Ta jedna technika może być stosowana w przypadku obrazów multimedialnych, wideo i audio w celu uzyskania bardzo ścisłej kompresji informacji.

2.2: Konstrukcja cyfrowa o niskiej mocy

W erze projektowania komputerów stacjonarnych, aplikacje systemowe VLSI (Very Large Scale Integration) koncentrowały się przede wszystkim na poprawie szybkości w celu osiągnięcia wyczerpujących obliczeniowo zadań w czasie rzeczywistym, takich jak kompresja danych, grafika itp. Układy scalone półprzewodników mają różne, silnie zintegrowane moduły przetwarzające wiele sygnałów i graficzne jednostki przetwarzające, aby sprostać wymaganiom obliczeniowym i rozrywkowym. Jednak rozwiązania te zostały skierowane przez problem czasu rzeczywistego, a nie przez rosnące zapotrzebowanie na lekką, nowoczesną obsługę urządzeń, gdzie smartfon musi to wszystko spakować, nie zużywając przy tym dużej ilości energii. Ograniczenie precyzji rozpraszania mocy w nowoczesnych aplikacjach elektronicznych, takich jak tablety, smartfony i komputery PC, musi być dopasowane do projektowania układów VLSI oraz wymaganych obliczeń. Niemniej jednak, urządzenia bezprzewodowe szybko wchodzą na rynek elektroniki użytkowej. Pomimo tego rozwoju, należy zająć się kluczowym ograniczeniem projektowym dla poprawy sposobu działania urządzenia przenośnego (rozproszenie mocy brutto systemu przenośnego).
Zmniejszenie wielkiego całkowitego zużycia energii w takiej konstrukcji jest bardzo potrzebne, ponieważ maksymalizacja czasu pracy przy najmniejszych wymaganiach co do wielkości, żywotności baterii i specyfikacji wagowej. Dlatego też najważniejszym czynnikiem, który należy wziąć pod uwagę przy projektowaniu SoC (System on Chip) dla urządzeń przenośnych, jest konstrukcja o małej mocy. Zasadniczo, nowoczesny SoC wymaga większego zużycia energii, ponieważ staje się szybszy niż przedtem (ostatnia generacja). Ponadto, zarówno w logice, jak i w pamięci, moc statyczna wzrasta wraz ze wzrostem mocy dynamicznej. Rysunek 2.1 pokazuje, w jaki sposób rozpraszanie mocy wzrasta wraz ze wzrostem liczby lat związanych z rozwojem projektowania mikroprocesorów, natomiast Rysunek 2.2 pokazuje, w jaki sposób moc staje się głównym problemem w przyszłości.

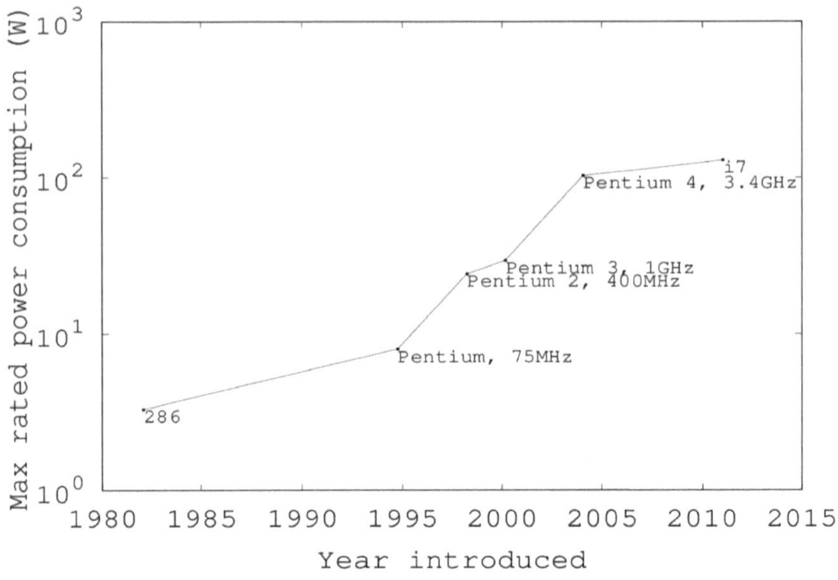

Rysunek 2.1: Rozwój rozproszenia mocy mikroprocesora (Comps1)

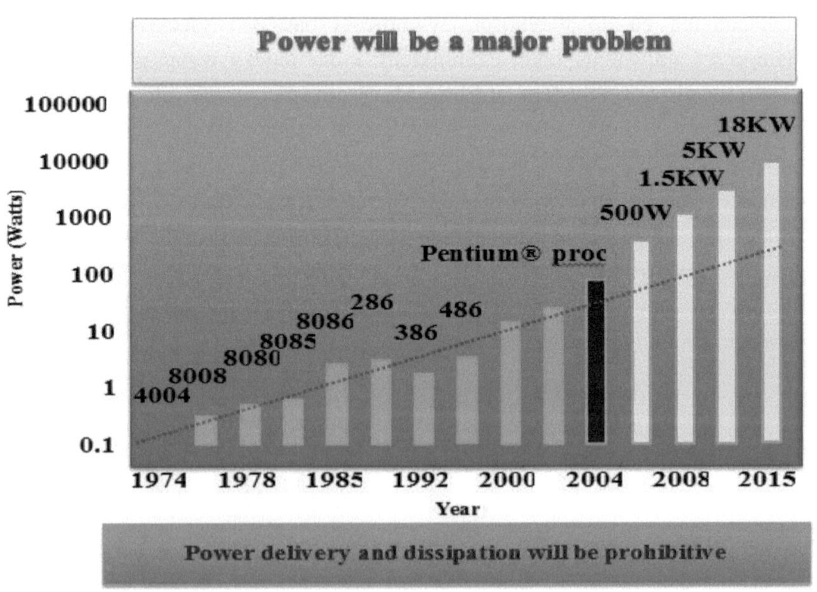

Rysunek 2.2: Poważne problemy z zasilaniem

W pierwszych dniach realizacji mikroelektroniki i układów scalonych, podstawowymi wyzwaniami były zamknięcie czasowe i minimalizacja obszaru bez konieczności ponownego ustalania priorytetów. Wszystkie narzędzia EDA (Electronic Design Automation) używane w przemyśle układów scalonych (układów scalonych) są zaprojektowane tak, aby działały poprzez zwiększenie prędkości i zmniejszenie obszaru, podczas gdy kwestie rozpraszania mocy zostały zignorowane, ponieważ nie były istotne dla technologii CMOS [23]. W tym czasie projektant CMOS rozważał zastosowanie technologii zredukowanej mocy dla używanych częstotliwości zegara. Większość naukowców koncentruje się na poprawie rozpraszania mocy w projektach cyfrowych. Dlatego też obniżenie zużycia energii jest jednym z głównych celów nowoczesnych projektów systemów cyfrowych. Wynika to ze wzrostu zapotrzebowania na konstrukcje o wysokiej wydajności i niskiej mocy. Testy przeprowadzone przez członków Samsung Advanced Institute of Technology and Energy Material Lab w Korei wykazały, że zwiększenie gęstości mocy z 1,5 do 1,8 razy większej niż obecne poziomy. Rysunek 2.3 przedstawia relatywną stagnację wzrostu pojemności baterii w ciągu ostatnich pięciu lat.

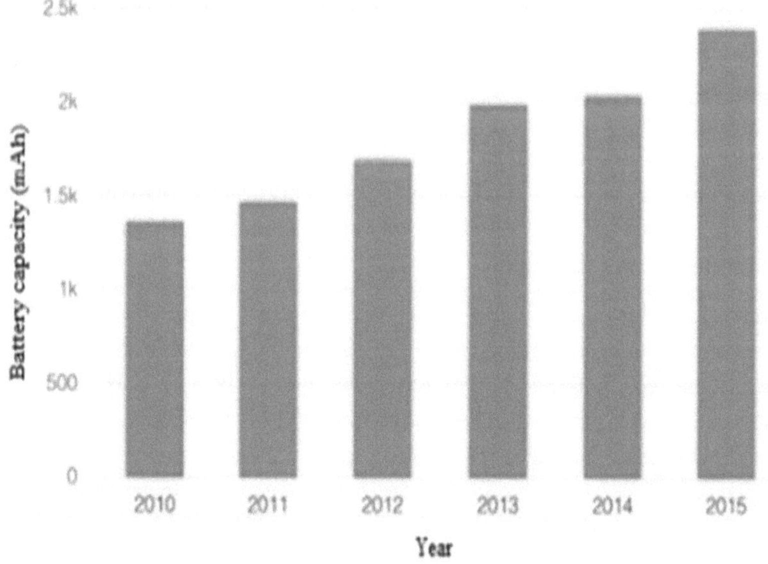

Rysunek 2.3: Zwiększenie pojemności baterii w miarę upływu lat (Comps2)

2.3: Technika bramkowania zegara

Bramka zegarowa jest popularną techniką stosowaną w wielu obwodach synchronicznych w celu zmniejszenia dynamicznego rozpraszania mocy. Dlatego bramkowanie zegara oszczędza energię, dodając więcej logiki do obwodu, aby przyciąć drzewo zegara. Przycinanie zegara powoduje wyłączenie części obwodów, tak aby znajdujące się w nich klapki nie musiały przełączać stanów. Jest to skuteczna metoda zmniejszania dynamicznego zużycia energii w projektowaniu cyfrowym. W modelach synchronicznych, takich jak podstawowy mikroprocesor docelowy, tylko część konstrukcji działa w każdej chwili. Dlatego też, wyłączając nieaktywną część konstrukcji, można zapobiec rozpraszaniu energii i zaoszczędzić ją. Jedną z metod realizacji tego celu jest zamaskowanie zegara, który trafia do nieaktywnej części projektu. Co więcej, bramkowanie zegara jest ważną procedurą zmniejszania mocy zegara w celu dostosowania go do indywidualnych obwodów używanych w różnych aplikacjach i pomiędzy nimi. Nie wszystkie moduły są skonstruowane w sposób funkcjonalny podczas pracy w czasie, co prowadzi do zmniejszenia szans na obniżenie mocy. Poprzez dodanie zegara z sygnałem sterującym bramy, technika bramkowania zegara ostatecznie wyłącza konstrukcję zegara, gdy konstrukcja nie jest konieczna, aby uniknąć poboru mocy generowanego przez nieistotne ładowanie i rozładowywanie nieaktywnej konstrukcji. W szczególności, technika bramkowania zegara wyznacza cel mocy zegara rozpraszanej w dynamicznej konstrukcji CMOS, wykorzystywanej do zwiększenia prędkości i korzyści obszarowych w stosunku do logiki statycznej. Efektywna technika bramkowania zegara wymaga jednak metodologii, która określa, który moduł bramkowania jest bramkowany, kiedy i na jak długo.

Technika bramkowania zegara jest generowana w powtarzającym się przełączaniu konstrukcji bramkowanej zegara pomiędzy stanami aktywnym i nieaktywnym, co skutkuje dużym nakładem pracy. W tym samym duchu, technika, która wykorzystuje małe moduły techniki bramkowania zegara, która jest w przybliżeniu tak duża, jak same moduły prowadzą również do dużego napowietrza. Może to spowodować, że zużycie energii elektrycznej będzie wyższe niż w przypadku braku bramki zegarowej [25]. Ponadto bramkowanie zegara jest metodologią stosowaną w zapobieganiu wprowadzaniu zegara z nieaktywnego modułu funkcjonalnego. Oznacza to wyłączenie lub dezaktywację zegara, który nie jest ważny. Istnieją różne techniki bramkowania zegara stosowane w celu zmniejszenia zużycia energii w nowoczesnym czasie.

Zasadniczo, aby zmniejszyć wielkość zużycia energii elektrycznej, należy ograniczyć czynności związane z ich włączaniem. Redukcja ta może być realizowana poprzez bramkowanie zegara i skalowanie częstotliwości zegara [26] [27].

W technice bramkowania zegara wybrane elementy synchroniczne konstrukcji są nieaktywne (nieaktywne) poprzez usunięcie sygnału zegara w trybie nieaktywnym lub uśpienia [28]. Najprostszym sposobem na bramkowanie zegara jest użycie jednej bramy AND z dwoma sygnałami wejściowymi. Pierwszy z nich to zegar, a drugi to sygnał odblokowany. Niemniej jednak, technika ta nie jest pozbawiona wad, które zostaną omówione później. Ta technika z pewnością doprowadzi do ustawienia i powstrzymania naruszeń czasu w obwodzie generowanych przez niewłaściwe ustawienie krawędzi zegara. Inną techniką jest użycie klapki typu flip flop w celu zsynchronizowania włączonego sygnału z zegarem i zredukowania niewspółosiowości zegara. Rysunek 2.4 przedstawia czas ustawiania i zatrzymywania, czasy ustawiania to przedział czasowy, w którym dane wejściowe muszą być stabilne przed krawędzią zegara. Podczas gdy czas podtrzymania jest przedziałem czasowym, w którym dane wejściowe muszą być stabilne po zboczu zegara.

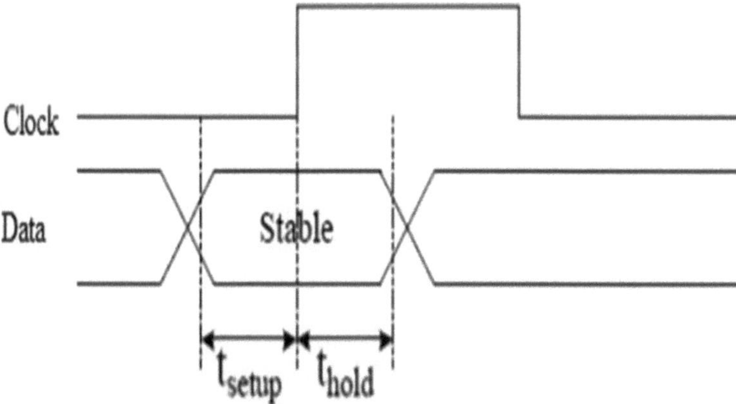

Rysunek 2.4: Czas ustawiania i utrzymywania.

2.4: HDL Kodowanie Huffmana HDL

Hardware Description Language (HDLs) oraz ich symulatory pozwalają projektantom na podział systemu na komponenty, które mogą działać poprawnie i komunikować się ze sobą [29]. Konstrukcja Huffmana składa się z dwóch głównych modułów, którymi są koder i dekoder, a także kod najwyższego poziomu Huffmana. Oznacza to, że pełne projekty obejmują trzy kody, dwa dla modułów i jeden dla projektowania na najwyższym poziomie. Ponadto każdy projekt kodu powinien posiadać odpowiedni kod dla stanowiska badawczego. Wszystkie projekty kodów i stanowiska testowe są napisane w języku Verilog HDL.

2.5: Wdrożenie enkodera

W tej pracy koder jest zaimplementowany przy użyciu drzewa Huffmana. Ostatni z nich jest zaimplementowany w platformie Verilog przy użyciu drzewa binarnego. To drzewo Huffmana jest przechowywane w LUT, aby nadać odpowiedni kodowany znak wyjściowy. Koder pobiera kod dla każdego symbolu z mapy i przesuwa go o jeden bit za każdym razem. Dekoder otrzymuje się z drzewa poprzez dodanie działań z liści z powrotem na wierzchołek drzewa. Jeśli stan nie jest liściem drzewa, a jego kodowanie wynosi n, wówczas kodowanie dwójki jego dzieci wynosi odpowiednio 2n+1 i 2n+2.
Rysunek 2.5 przedstawia blokowy schemat kodera i kod dla każdego znaku pochodzącego z drzewa. Wejście znakowe, które jest podawane do enkodera działa jako wejście do LUT, które daje odpowiednie zakodowane słowo na szynie danych, które jest podawane do rejestru przesuwania, tak aby seryjnie przesuwać dane. Ponieważ jest to kodowanie o zmiennej długości, w celu określenia końca słowa kodowego dla każdego znaku podczas jego przesuwania, do końca słowa kodowego w LUT jest dodawany jeszcze jeden bit w postaci 1. Słowo kodowe jest logicznie przesuwane do momentu, gdy zawiera tylko 1 na swoim LSB. Następnie kolejny znak jest ładowany z komparatora. Oprócz tego koder powinien wygenerować sygnał aktywacyjny do dekodera, tak aby dekoder wiedział, kiedy prezentowane są mu prawidłowe dane.

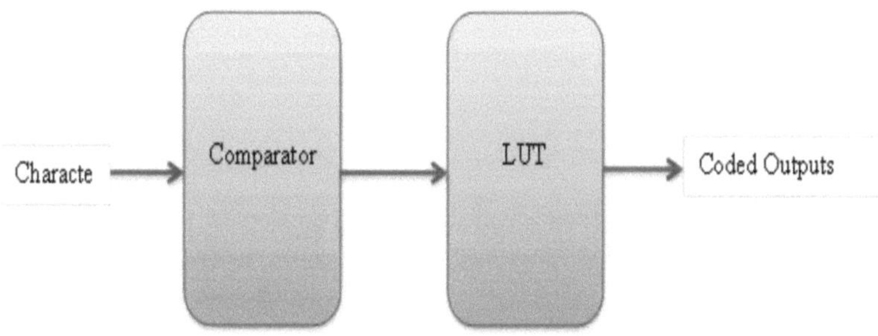

Rysunek 2.5: Schemat blokowy enkodera

2.6: Wdrożenie dekodera

Metoda dekodowania Huffmana jest nieco bardziej skomplikowana. Zarówno kodowanie, jak i dekodowanie powinny być wykonywane w odniesieniu do tego samego drzewa. Dlatego te same dane, które są przechowywane w enkoderze LUT, są przechowywane w dekoderze LUT w inny sposób. Na rysunku 2.6 przedstawiono schemat blokowy dekodera Huffmana, który wyraźnie wyjaśnia działanie dekodera. Schemat blokowy jest dla dekodera, w którym zakodowana wartość jest najpierw przechowywana w buforze, a następnie przesuwana za pomocą LIFO. Przesunięta wartość jest następnie zapisywana w 9-bitowym rejestrze tymczasowym, który jest następnie porównywany z odpowiednimi kodami zapisanymi w LUT. Następnie postać jest w końcu dekodowana. W tej metodzie, wewnątrz bloku dekodera najpierw prezentowany jest najpierw bufor wewnątrz bloku dekodera w celu przechowywania danych wyjściowych z części kodera. Wyjście LIFO (Last Input First Output), które przesuwa zakodowane wartości przechowywane w buforze, jest prezentowane obok. Ten przesunięty kod jest następnie przechowywany w tymczasowym rejestrze o rozmiarze 9 bitów. Zarówno zakodowana wartość, jak i wcześniej określone drzewo Huffmana, które są przechowywane wewnątrz LUT, są porównywane w celu uzyskania zdekodowanego wyjścia w odniesieniu do odpowiedniego zakodowanego stanu. Rysunek 2.7 przedstawia przeglądarkę RTL z najwyższej klasy konstrukcją Huffmana bez PMC.

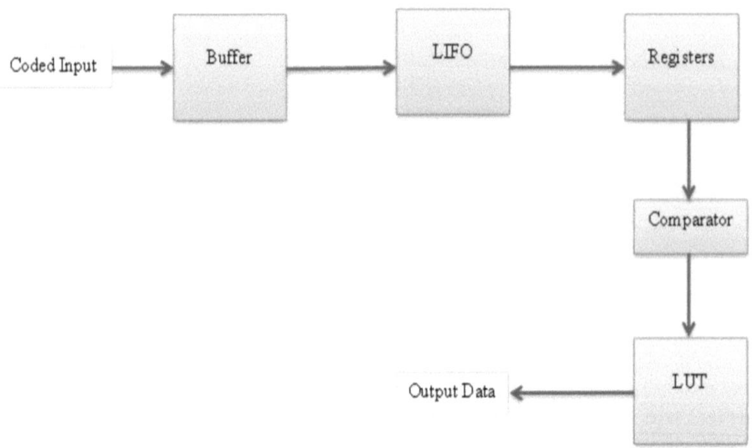

Rysunek 2.6: Schemat blokowy dekodera Huffmana

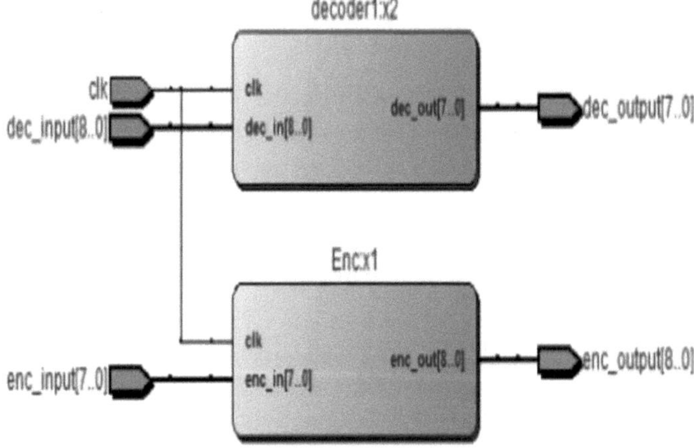

Rysunek 2.7: Przeglądarka RTL o najwyższej klasy konstrukcji Huffmana.

2.7: Symulacja HDL

Oprogramowanie Quartus II posiada symulator, który może być wykorzystany do symulacji zachowania i wydajności projektu Huffmana w celu implementacji w programowalnej logice Altery. Symulator używany do testowania zaprojektowanego Huffmana i obserwacji wyników uzyskanych w odpowiedzi. Dodatkowo, aby móc zobaczyć zatwierdzone wartości na wejściowych i

wyjściowych bolcach konstrukcji, możliwe jest również badanie wewnętrznych węzłów systemu. Symulator korzysta z edytora kształtu fali, który ułatwia reprezentację sygnałów.
Testowalny sprzęt do kodowania Huffmana w HDL w celu manipulacji i wyceny projektu Huffmana może być ukończony jednocześnie. W związku z tym, nie tylko rdzeń projektu i jego stanowisko testowe mogą być wyrafinowane w regularnym programowaniu, podczas gdy wszystkie możliwości oprogramowania (takie jak struktury, złożone dane i wykorzystanie funkcji) są możliwe do uzyskania. Interfejs programowania języka (PLI) podaje wymagane ścieżki do wewnętrznej konstrukcji informacyjnej zorganizowanej formy. Dlatego też procesy testowe mogą być realizowane w takiej mieszanej sytuacji również bez konieczności łączenia ich z oryginalnym projektem. W projekcie Huffmana język konstruuje się zgodnie ze składnią Verilogа, a semantyka stanowi wewnętrzną część modułu. Konstrukcje te zostały zaprojektowane w celu ułatwienia opisu komponentów sprzętowych dla procesów projektowania Huffmana, takich jak symulacja, synteza i specyfikacja stanowisk testowych w celu określenia danych testowych i monitorowania reakcji obwodów. W tym przypadku jest on uważany za stanowisko badawcze projektu. Rysunek 2.8 przedstawia proces walidacji modelu, który obejmuje projekt z użyciem stanowiska badawczego Verilog. Verilog buduje (patrząc według punktów kropkowanych) badany projekt Verilog jest w stanie sklasyfikować swój projekt sprzętu. Z drugiej strony, konstrukcje językowe używane na stanowisku testowym są wykorzystywane do dostarczenia odpowiednich informacji wejściowych lub zastosowania danych przechowywanych w pliku tekstowym do badanego modułu w celu analizy lub wyświetlenia jego wyników.

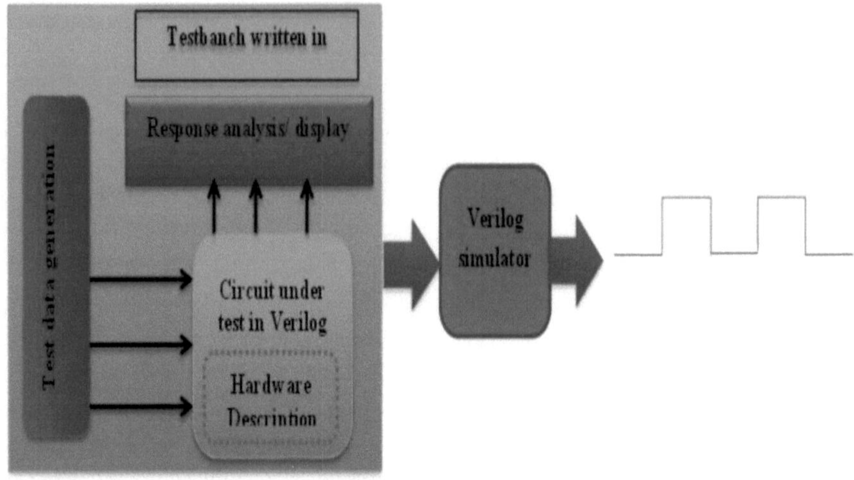

Rysunek 2.8: Proces symulacji w Verilogu

2.8: Synteza logiczna

Synteza logiczna jest definiowana jako zautomatyzowana metoda konwersji projektów kodu z formy Verilog HDL do zoptymalizowanego opisu na poziomie gate-level. Podążanie za projektem wykracza poza podstawowe symulacje robocze. Powinien on zostać zsyntetyzowany na listę elementów konkretnej biblioteki. Ta specyficzna biblioteka jest oznaczeniem sprzętu, który projekt jest syntetyzowany w celu dopasowania do siebie. Struktury Verilog wykorzystywane w reprezentacji Verilog kodu Huffmana do jego weryfikacji za pomocą kontroli czasu i identyfikacji czasu nie są syntetyzowane. Kodowanie Huffmana, które ma być zsyntetyzowane, wykorzystuje struktury języka, które mają wyraźną równoważność sprzętową. Rysunek 2.10 przedstawia schemat blokowy syntezy logiki. Kodowanie Huffmana, które jest syntetyzowane i specyfikacje biblioteki są wejściami narzędzia syntezy. Często narzędzia syntezy mają możliwość wygenerowania tej listy w Verilog. Procedura projektowania RTL wykorzystuje język HDL do projektowania systemów, testów walidacyjnych i syntezy logicznej.

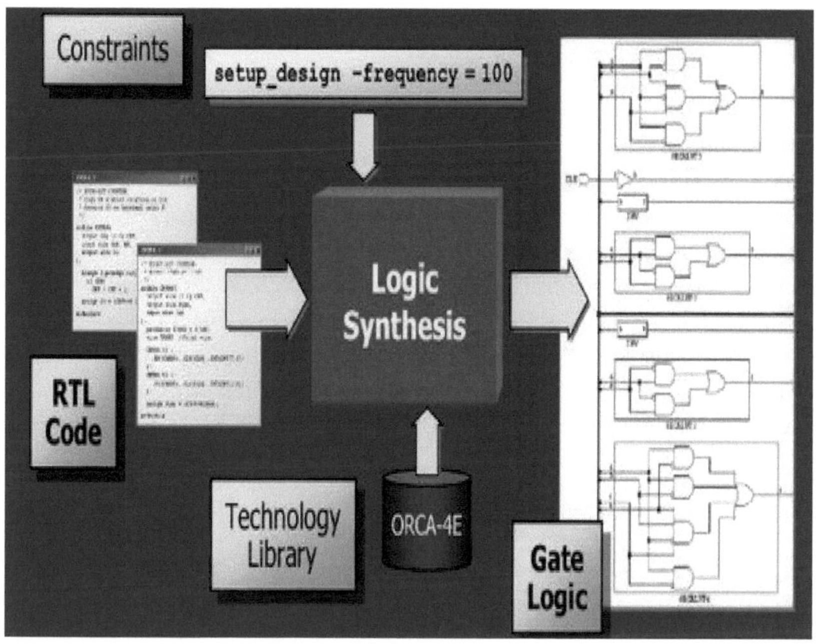

Rysunek 2.10: Proces syntezy logicznej w celu uzyskania poziomu bramki

Proces optymalizacji czasu powinien szybko i ściśle obliczyć opóźnienia w obwodzie, aby uzyskać lepszy obwód pomiaru czasu. Optymalizatory czasu regulują opóźnienia propagacji podczas elementów systemu, z zasadniczym celem zaspokojenia ograniczeń czasowych, zawierają:

a. Czas ustawiania "długa ścieżka" ograniczenia, które wskazują wartość czasu dla danych wejściowych, muszą być stałe "stabilne" przed krawędzią zegara dla dowolnego komponentu pamięci masowej.
b. Przytrzymaj ograniczenia "krótkiej ścieżki", które wskazują, że wartość czasu dla danych wejściowych musi być stabilna po zboczu zegara na każdym elemencie pamięci masowej.

Statyczna analiza czasu szybko rozpoznaje naruszenia czasu i analizuje je poprzez wykrywanie krytycznych ścieżek w obwodzie, które są skuteczne dla tych awarii czasu. Gdzie, AAT w obwodzie jest zaawansowanym czasem przejścia w danym węźle, mierzonym od początku cyklu zegara. Ponadto luz czasowy zdefiniowany jako różnica między (RAT) i (AAT), gdzie:

Czas luzu = RATs - AATs ...(2.1)

Clock gating (CG) jest techniką zapobiegającą wprowadzaniu zegara do modułów funkcyjnych, które są nieaktywne. Oznacza to wyłączenie zegara, jeśli nie jest to konieczne. Istnieją różne techniki bramkowania zegara stosowane w celu optymalizacji rozpraszania mocy [30]. Wejście zegara do bloku funkcjonalnego jest dostarczane przez podstawowe bramki logiczne. Jak widać na rysunku 2.11, koder Huffmana posiada trzy wejścia: enc_in, dec_in i clk. Zegar do Huffmana jest udowodniony przez bramę zegara. Kiedy wejście zegara jest zastosowane i jeśli enable en jest przy logice '1', Huffman wykonuje operację kodowania. W przeciwnym razie będzie on wykonywał operację dekodowania.

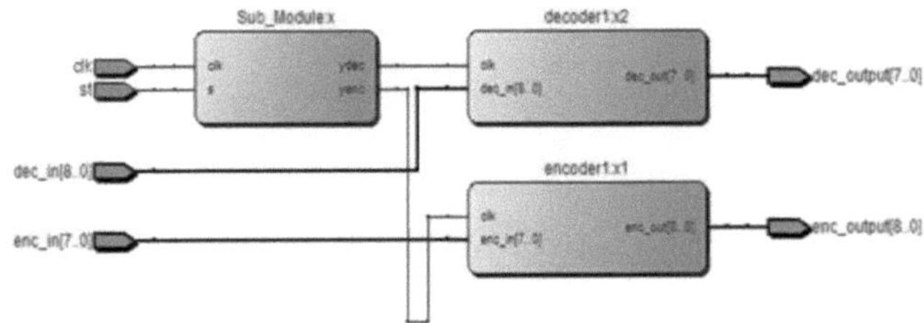

Rysunek 2.11: Górna przeglądarka RTL _poziom Huffman

Procedury szacowania zużycia energii dla każdego trybu projektowania Huffmana polegają na oddzieleniu każdego podmodułu i przedstawieniu go jako najwyższej klasy projekt do szacowania zużycia energii [31].

Całkowity pobór mocy = moc statyczna + moc......... dynamiczna ... (2.2)

Całkowite podmoduły w konstrukcji Huffmana z modułem PMC składają się z trzech podmodułów:

Całkowita moc Huffmana = moc enkodera + moc dekodera + moc PM......C ... (2.3)

2.9: Narzędzia stosowane do wdrażania

Metodologia tych badań została oparta na wcześniejszych badaniach w celu zebrania doświadczeń w konstruowaniu Huffmana. Wiedza na temat sprzętu i oprogramowania wykorzystywanego przy projektowaniu i wdrażaniu projektu pochodziła również z wcześniejszych prac w tej dziedzinie. Proces projektowania Huffmana do kompresji danych przy użyciu technik małej mocy obejmuje wykorzystanie kilku źródeł sprzętu, języka opisu i samouczka programowania oprogramowania w celu osiągnięcia docelowego projektu. Niniejsza sekcja dotyczy wyjaśnień na temat oprogramowania i sprzętu wykorzystywanego w tej pracy.

2.10: Altera Quartus II 11.1 Wydanie internetowe

Altera Quartus II jest zdefiniowane jako oprogramowanie generowane przez Altera używane do syntezy i analizy Hardware Description Language (HDL) dla projektu Huffmana, które umożliwia projektantowi skompilowanie Huffmana, wykonanie badania wykresów RTL, analizę czasu, symulację odpowiedzi Huffmana i konfigurację projektu celowego poprzez programowanie. Oprogramowanie Quartus II ma najwyższą wydajność i wydajność dla Altera FPGA. Jest ona skuteczna w syntezie i przyznaje przewagę czasową kompilacji [32]. Ponadto oprogramowanie Altera Quartus II jest jednym z najlepszych narzędzi do projektowania i syntezy dostępnych dla projektantów. Narzędzia te zostały zaprojektowane tak, aby wykorzystać architekturę urządzenia i specjalne funkcje do mapowania projektu Huffmana w logikę i pomóc w osiągnięciu wymagań optymalizacyjnych. Projektant może wybrać optymalizację dla obszaru, czasu lub mocy projektu [33].

2.11: ModelSim-Altera 10.0c (Quartus II 11.1) Edycja startowa

ModelSim to narzędzie graficznej symulacji mentorskiej dla obwodów logicznych. Używane jest to narzędzie oprogramowania, aby zobaczyć wydajność funkcjonalną i czasową walidację projektu bramy logicznej projektu Huffmana wykonanego przy użyciu Quartus II CAD. Projektanci designu cyfrowego muszą koniecznie spełnić obowiązek sprawdzenia swojego systemu. Konstrukcja Huffmana może składać się z kilku modułów i każdy z nich musi być sprawdzony przed zintegrowaniem z układem, podczas gdy układ działa idealnie. Aby udowodnić, że system działa prawidłowo, stosuje się walidację. Jest to metoda sprawdzania Huffmana poprzez wprowadzenie danych wejściowych do projektu z badaniem ich wydajności. Wynikiem walidacji jest seria sygnałów falowych, które wyjaśniają, w jaki sposób funkcja projektowa zależy od konkretnej serii danych. Istnieją dwa główne modele walidacji: pierwszy z nich to symulacja funkcjonalna, a drugi to symulacja czasowa. Pierwszy z nich sprawdza proces projektowania bramy logicznej bez uwzględniania opóźnień w projektowaniu. Sygnały są propagowane w systemie wykorzystującym logikę i zerowe opóźnienia. Symulacja ta jest pomocna w testowaniu teoretycznej dokładności systemu. Drugi typ to walidacja czasowa. Jest to bardziej złożony typ symulacji niż pierwsza, ponieważ komponenty logiczne i przewody potrzebują trochę czasu, aby zareagować na bodźce wejściowe. Rysunek 2.12 przedstawia etapy przepływu symulacyjnego.

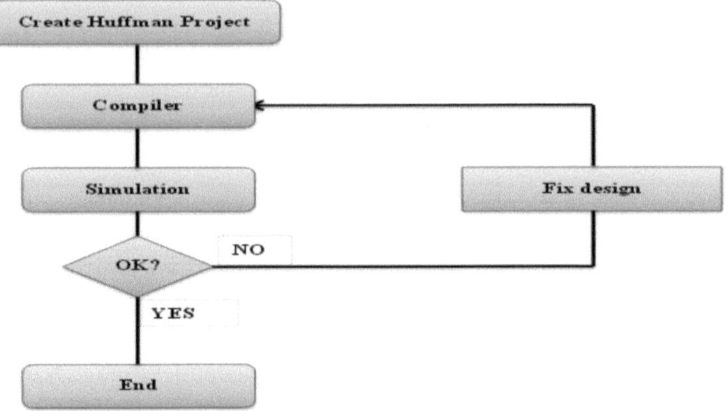

Rysunek 2.12: Etapy przepływu symulacyjnego

2.12: Zarząd Altera DE2

Dodatkowo, celem użycia Altera FPGA DE2 jest symulacja projektu, aby uzyskać rzeczywiste zachowanie systemu i uczynić go bardziej wszechstronnym. Ponadto, zapewnia doskonały pojazd do prototypowania systemów forward w sieci i w magazynie. Wykorzystuje najnowocześniejszą technologię zarówno w narzędziach CAD, jak i w sprzęcie, aby pokazać projektantom szeroki wachlarz tematów. Tablica wyświetla zestaw cech, które czynią ją właściwą do wykorzystania w całych nowoczesnych wzorach.

2.13: Synopsys Kompilator mocy

Kluczem do odpowiednich narzędzi analizy mocy jest automatyczna metoda redukcji mocy. W ten sposób projektanci zyskują możliwość dopasowania zestawień mocy bez pogorszenia wyników i czasu pracy Huffmana. Synopsys power compiler jest narzędziem używanym do automatycznego zmniejszania rozproszenia mocy na poziomie bramy i poziomu transferu rejestru projektu. W trybie opracowywania systemu RTL kompilator mocy wykonuje automatyczne CG w celu zmniejszenia rozproszenia mocy. Po załadowaniu pełnego projektu Huffmana w narzędziu Synopsys, ze specyficznymi ograniczeniami systemowymi, kompilator mocy wprowadza ulepszenia w zakresie obszaru, czasu i mocy między sobą [34]. Rysunek 2.13 przedstawia wymagania wejściowe dla narzędzia Synopsys do tworzenia listy sieci.

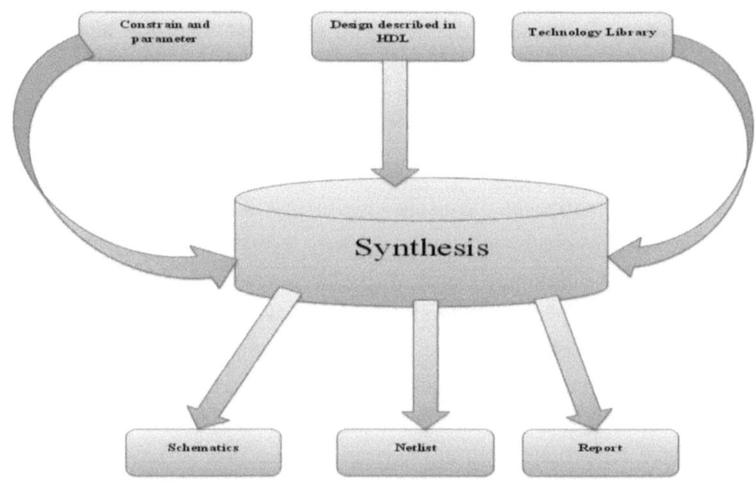

Rysunek 2.13: Wejścia i wyjścia procesu syntezy

2.14: Wdrożenie projektu Huffmana

Kompresja Huffmana wykorzystała prawdopodobieństwo charakteru źródła do wygenerowania symboli słów kodowych. Występowanie wszystkich alfabetów wejścia jest szacowane w celu ustalenia rozkładu prawdopodobieństwa. W zależności od prawdopodobieństwa podane są słowa kodowe dla każdego z tych alfabetów. W tym algorytmie krótsze słowa kodowe są podane dla wyższych prawdopodobieństw, a dłuższe słowa kodowe dla mniejszych prawdopodobieństw. Dla tej funkcji, używając symboli jako liści do reprezentowania wszystkich alfabetów, rodzica tych liści, czyli węzłów, każdy węzeł powinien mieć mniej niż jeden urlop. Następnie należy utworzyć drzewo binarne zgodnie z ich prawdopodobieństwem, a ścieżki tych liści są brane pod uwagę jako słowa kodowe, które są długością jednego słowa. Proponowany Huffman otrzymuje zestaw symboli i ich częstotliwości zazwyczaj proporcjonalnych do prawdopodobieństwa, znajduje przedrostek wolnego kodu binarnego (zbiór słów kodowych), o minimalnej oczekiwanej długości kodu równoważnej długości drzewa Huffmana z minimalną ważoną długością ścieżki od korzenia [36].

Projekt Huffmana jest wykonywany dla kompresji danych tekstowych. Ponadto dekoder tekstowy zawiera dekoder Huffmana służący do uzyskiwania oryginalnych danych. Ponadto drzewo Huffmana jest używane przez koder i dekoder, w którym alfabety składają się z wielkich liter i przestrzeni.

2.15: Zatrzaskowy zegar na bazie bramki

W tej metodzie bramkowania zegara do wyboru modułu funkcjonalnego służy zatrzask oparty na zatrzasku. Wejście zegara jest dostarczane do wszystkich modułów konstrukcyjnych, ale tylko jeden jest wybierany przez bramkę zatrzaskową w celu dokonania oceny wejść [37]. Przeglądarka RTL w wersji z zatrzaskiem pokazana jest na rysunku 2.14. Jak widać, zatrzask oparty jest na wejściu en i wejściu clk. Używane zatrzask wyjściowy ANDing z sygnałem łokcia do generowania sygnału łokcia używanego do sterowania pracą modułów Huffmana [38]. Projekt jest kompilowany, symulowany i syntetyzowany przy użyciu bibliotek technologii 130 nm. Symulacje przeprowadzane są za pomocą narzędzia Modelsim. Architektura projektowania algorytmów kompresji i dekompresji została stworzona przy użyciu języka Verilog HDL. Quartus II 11.1Web Edition (32-Bit). Dodatkowo, symulowane przy użyciu ModelSim-Altera 10.0c (Quartus II 11.1) Starter Edition.

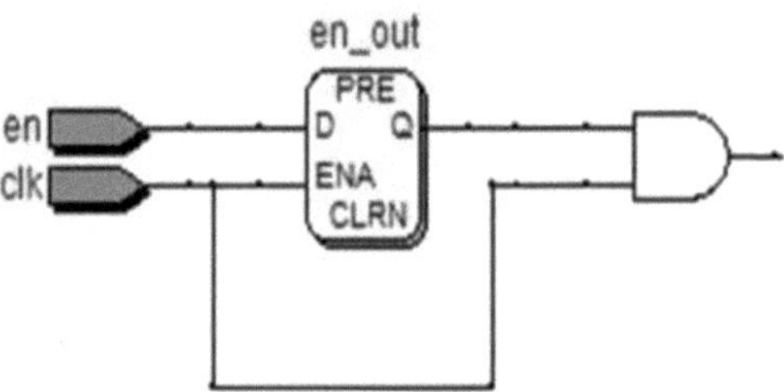

Rysunek 2.14: Zatrzaskowe bramkowanie zegarowe

2.16: ORAZ Zegar Brama zegarowa

Konstrukcja Huffmana rozpatrywana w niniejszym dokumencie składa się z dwóch bloków funkcjonalnych: enkodera i dekodera .Każdy moduł jest synchroniczny, co oznacza, że wejścia są analizowane w momencie pojawienia się zegara. Technika bramkowania z zegarem AND może być zastosowana w konstrukcji Huffmana, gdzie działa tylko jedna jednostka funkcyjna (enkoder lub dekoder), podczas gdy druga nie. W związku z tym, wejście aktywacji AND based dostarczy sygnał zegara albo enkodera, albo modułu dekodera [39]. Widok RTL schematycznego projektu Huffmana pokazano na rysunku 2.15. RTL viewer of AND based as mapped in Verilog jest pokazany na Rysunku 2.16 zegar jest podłączony do enkodera lub dekodera w oparciu o wejście zezwolenia. Synteza generuje wykorzystanie urządzenia zarówno dla listy sieci, jak i dla zaimplementowanych. Raport netlisty pokazuje, że bramkowanie z zegarem AND zużywało mniej energii, mniej miejsca, ale generuje większe opóźnienie dla tej samej wykorzystywanej częstotliwości. Do implementacji ASIC wykorzystywane są standardowe biblioteki komórek o długości fali 130 nm. Symulacje przeprowadzane są za pomocą narzędzia Modelsim .Architektura projektowania algorytmów kompresji i dekompresji została zaimplementowana przy użyciu języka Verilog HDL, Quartus II 11.1 Web Edition (32-Bit). Symulacja jest przeprowadzana przy użyciu ModelSim-Altera10.0c (Quartus II 11.1) Starter Edition.

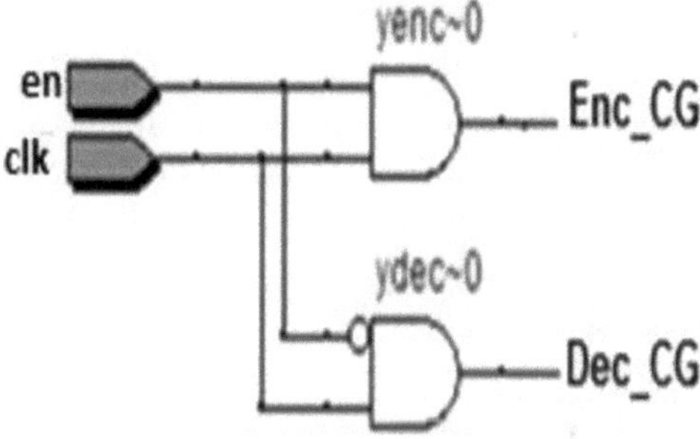

Rysunek 2.15: ORAZ Zegar z bramkowaniem opartym na zegarze

ROZDZIAŁ 3

SYMULACJA I WYNIK

3.1: Symulacja wyników Huffmana

Wejścia enkodera są zaangażowane sygnał Clk i 8-bitowe ASCII do reprezentowania danych wejściowych dla enkodera Huffman wygenerowane 9-bitowe dane wyjściowe ze zmiennym kodowaniem długości. Zakres długości słowa kodowego rozpoczynał się od 3-bitowych słów kodowych dla najwyższej częstotliwości do 9-bitowego słowa kodowego dla najniższej częstotliwości, reprezentującego wyjścia kodera, jak pokazano na rysunku 3.1. Natomiast moduł dekodera składał się z sygnału Clk z 9-bitowymi danymi wejściowymi do generowanego 8-bitowego ASCII do reprezentowania wyjścia dekodera, jak pokazano na rysunku 3.2. Rysunek 3.3 przedstawia wszystkie wejścia i wyjścia do projektowania Huffmana, symulacja Huffmana na najwyższym poziomie.

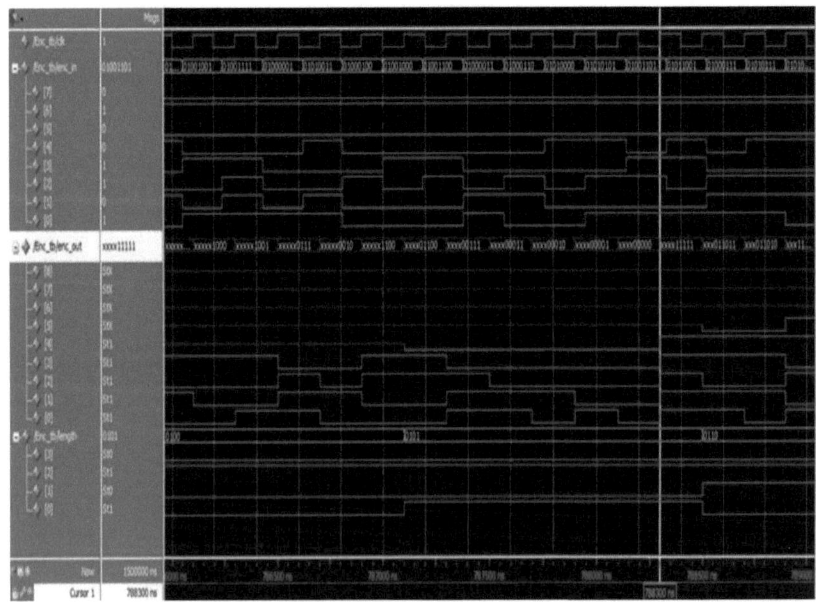

Rysunek 3.1: Zatwierdzenie kształtu fali enkodera

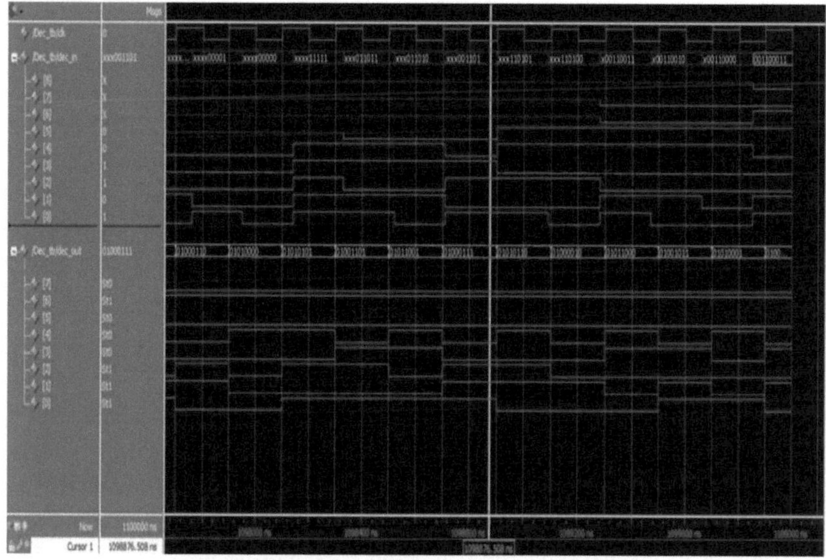

Rysunek 3.2: Walidacja kształtu fali dekodera

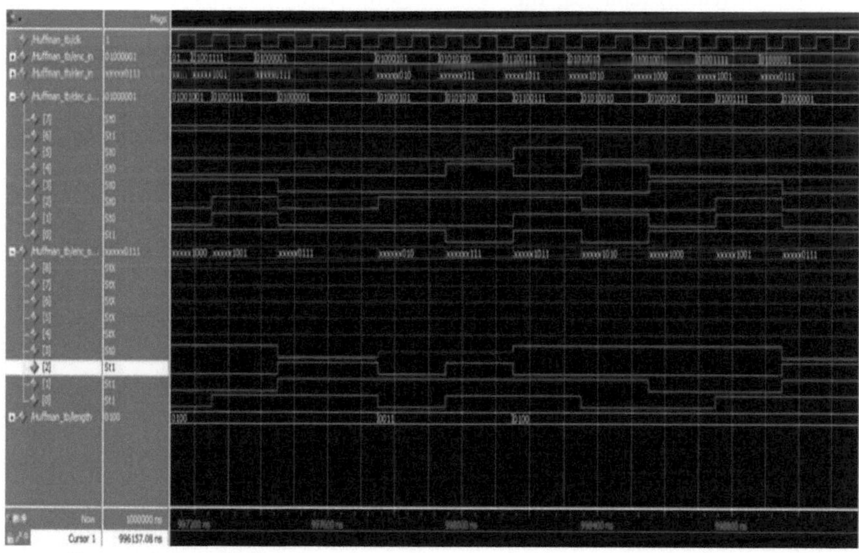

Rysunek 3.3: Walidacja pełnego kształtu fali konstrukcji Huffmana

Rysunki 3.1 i 3.1 pokazują walidację funkcji enkodera i dekodera pokazano oddzielnie. Z nich jasno wynika, że każdy moduł zawiera dane sygnałowe, które reprezentują moduł wejściowy do generowania sygnału wyjściowego Huffmana. Rysunek 3.3 przedstawia symulację standardowego projektu Huffmana. Pomimo faktu, że sygnał zegara jest podawany dla dwóch modułów podczas pracy, Huffman generuje sygnał wyjściowy tylko z jednego modułu dla każdego cyklu zegara. Wyraźnie wskazuje to na to, że podczas pracy w stanie bezczynności dochodzi do utraty dużej ilości energii elektrycznej.

3.2: Symulacja oparta na zatrzaskach

Symulowana forma falowa konstrukcji Huffmana z wykorzystaniem bramki z zegarem zatrzaskowym pokazana jest na rysunku 3.4. Z symulowanego kształtu fali obserwuje się, że gdy sygnał wejściowy en ustawiony jest na wysoki, w tym przypadku zegar jest stosowany do modułu enkodera i wynik uzyskuje się na wyjściu konstrukcji Huffmana. Później, gdy en się obniży, moduł kodera jest blokowany, a wynik uzyskuje się z modułu dekodera na wyjściu konstrukcji Huffmana. W ten sposób włączenie selektywnego modułu funkcjonalnego w stanie ON prowadzi do zmniejszenia poboru mocy. Analiza mocy dla projektu Huffmana realizowana jest dla skal częstotliwości MHz. Uzyskuje się ją dla różnych typów poboru mocy: mocy statycznej, mocy dynamicznej i mocy całkowitej, dynamicznego podziału mocy na dwa typy, mocy wewnętrznej i aktywności przełączania [35].

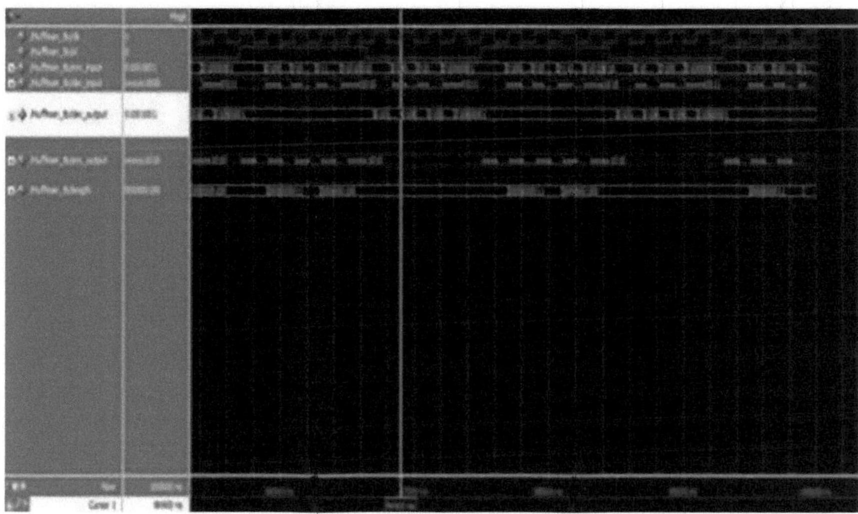

Rysunek 3.4: Fala symulacyjna oparta na zatrzaskach

3.3: ORAZ symulacja oparta na symulacji

W tej technice zastosowanie zegara przez bramę AND. Symulowane wyniki pokazano na rysunku 3.5. Analiza przeprowadzona dla skal częstotliwości taktowania zegara MHz. Wejścia do bramy AND będą obejmowały enkoder lub moduł dekodera. Z symulowanego kształtu fali, gdy wejście en ustawione na wysoki, moduł enkodera jest włączony, zegar jest dostarczany do modułu enkodera i służy do oceny wyjścia enkodera. W przypadku pozostałych kombinacji wejść bramy AND, moduł dekodera zostanie wybrany i użyty do oceny danego zestawu wejść generowanych przez enkoder w celu oceny wyjścia dekodera. Zsyntetyzowana moc wyjściowa jest dalej analizowana pod kątem mocy. Moc jest analizowana dla różnych typów.

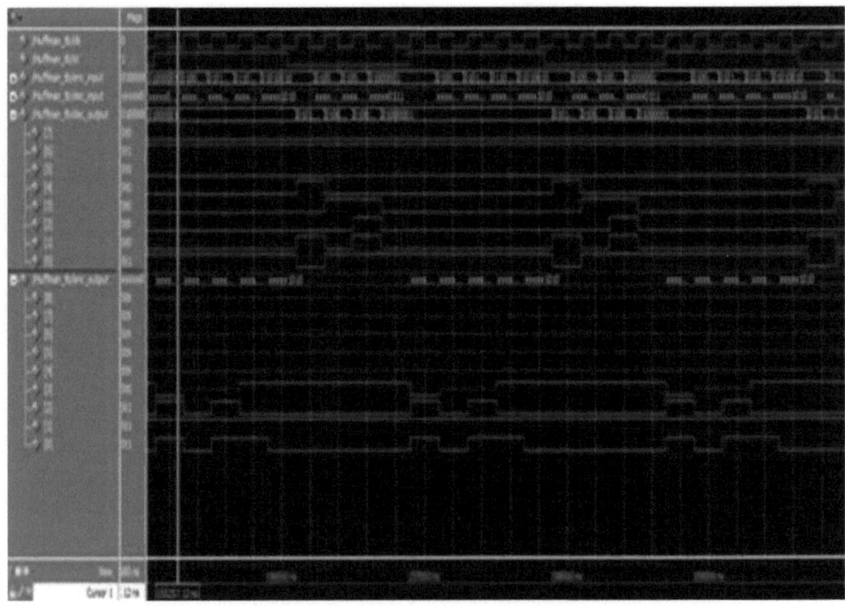

Rysunek 3.5: ORAZ oparty na symulacyjnym kształcie fali

W obwodzie sekwencyjnym, dwa wejścia I bramki są wstawiane do logiki bramkowania zegara. Rozważano zastosowanie bramki zegarowej do redukcji mocy. Ta dominująca technika wykorzystywana jest do oszczędzania energii. W tym etapie projektowania, procedura polega na podłączeniu dwóch bramek AND w taki sposób, aby powstał sygnał zegara, który jest w stanie włączyć jeden moduł i wyłączyć drugą. Sygnał zezwolenia z sygnałem zegara został stworzony również dla pierwszej bramy AND. Jednakże, falownik został umieszczony w drugiej bramie AND w celu zorganizowania sygnału wyjściowego pomiędzy enkoderem i dekoderem, jak pokazano na rysunku 3.6.

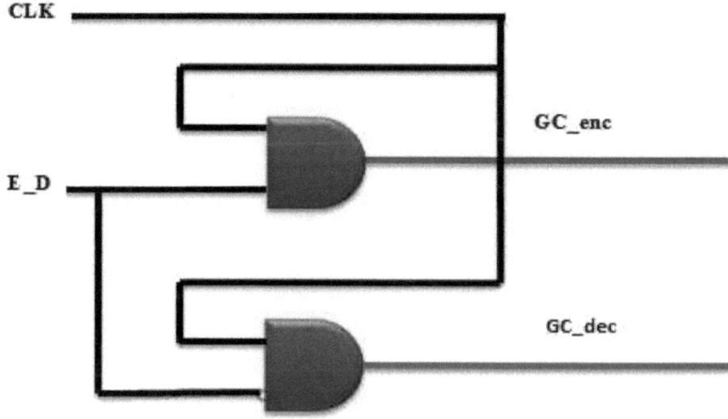

Rysunek 3.6: Techniki bramkowania zegara

3.4: Porównanie zamka Brama z zegarem i Brama z zegarem (CG)

Porównanie proponowanych technik zostało przedstawione w tabeli 1.Z tabeli wyników i raportu Synopsys'a wynika, że zegar z zatrzaskiem z bramkowaniem zajmowanego obszaru więcej niż zegar z bramkowaniem w przybliżeniu 0,93%. Co więcej, bramkowanie z zegarem AND pozwoliło na zmniejszenie zużycia energii o ok. 2,8% więcej niż w przypadku bramek z zatrzaskiem. Ale opóźnienie luzu generowane w każdej częstotliwości stosuje się do projektowania w zatrzasku jest mniejsze niż CG oparte na AND. Ten przypadek daje więcej korzyści dla pełnego projektu, ponieważ pozwolił na zastosowanie wyższej niż częstotliwość zatrzasku. Takie jak małe opóźnienie zmniejsza częstotliwość ograniczeń w projektowaniu. Rysunek 3.6. Pokaż całkowitą moc zatrzasku i bramkowania zegara AND.

Tabela:-1 Kompresja pomiędzy CG i CG i CG z zatrzaskiem CG

FREQ. (MHz)	CZAS (ns) HIGH	ZASILANIE MOCY OGÓLNEJ (mW)	MOC RAZEM I (mW)	RÓŻNICA PROCENTOWA
20	50	0.01100	0.01069	2.82%
40	25	0.02179	0.02122	2.62%
60	16.66666	0.03214	0.03133	2.52%
80	12.50000	0.04308	0.04185	2.86%
100	10	0.05416	0.05255	2.97%

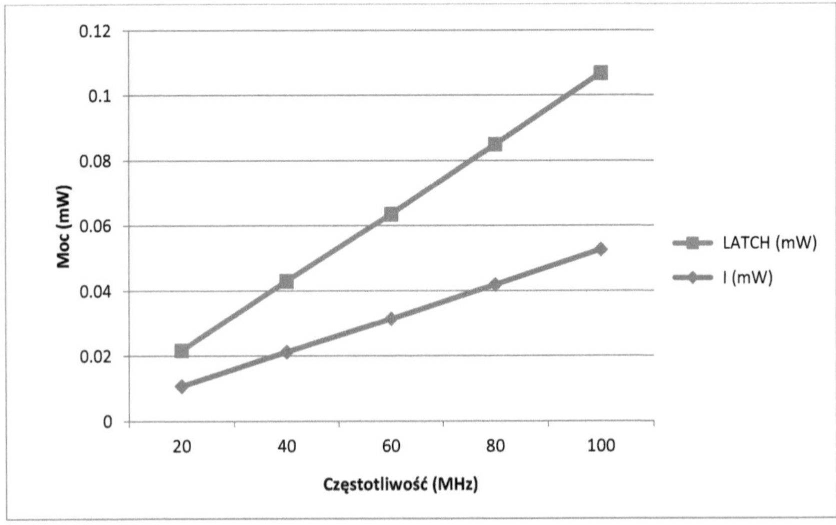

Rysunek 3.6: Łączna moc zatrzasku i bramkowania zegara AND

ROZDZIAŁ 4

WNIOSKI I ODNIESIENIA

4.1: Wniosek

Wnioski z książki oraz rekomendacje zostaną przedstawione w celu wsparcia realizacji tego, co zostało odkryte i stanowią dobre tło dla przyszłych badań. W poprzednich rozdziałach omówiono i ustalono koncepcję projektowania i implementacji kodowania Huffmana z wykorzystaniem bezstratnego algorytmu o konstrukcji o małej mocy opartej na bramkowaniu zegara zatrzaskowego. W związku z tym cel, jakim jest wdrożenie projektu Huffmana wraz z potrzebnym oprogramowaniem, został osiągnięty.

W tej książce, technika bramkowania zegara wykorzystująca logikę bramkowania opartą na zatrzasku i logikę bramkowania opartą na układzie AND jest zastosowana do projektu Huffmana. Analiza mocy jest przeprowadzana dla zakresu częstotliwości zegara z wszystkimi rodzajami wykonanymi i analizowanymi. Na podstawie uzyskanych wyników, obie te metody mogą być stosowane jako techniki bramkowania zegara w celu zmniejszenia mocy. Średnia różnica w zużyciu energii elektrycznej pomiędzy technikami zależnymi wynosi około 2,8%. Zauważalna jest zauważalna redukcja całkowitego zużycia energii dzięki zastosowaniu CG opartego na AND. Wykorzystanie tych dwóch technik podkreśla również redukcję powierzchni przy użyciu techniki bramkowania zegarowego AND jest o 0,93% mniejsze niż przy użyciu CG z zatrzaskiem. Ponadto, AND based może wykorzystywać wyższą częstotliwość niż częstotliwość stosowana do projektowania w porównaniu z systemem zatrzaskowym. Metoda ta prowadzi do osiągnięcia zatrzasku w oparciu o ujemny luz przed bramką I bramką z bramką. Opóźnienia w dostawie energii i obszar użytkowany są motywowane do używania bramki AND o niskiej mocy i wysokich osiągach dla konstrukcji Huffmana.

4.1: REFERENCJE

[1Dev, M.P., Baghel, D., Pandey, B., Pattanaik, MShukla & ,., A. (2013). Zegar bramkowany o niskiej mocy, sekwencyjny układ scalony. Dokument przedstawiony na konferencji IEEE 2013 w sprawie technologii informacyjno-komunikacyjnych (ICT).

[2Kodituwakku, S., & Amarasinghe, U. (2010). Porównanie bezstratnych algorytmów kompresji danych dla danych tekstowych .Indyjski magazyn informatyki i inżynierii, 1,(4) 416-425.

[3 Beak, S., Van Hieu, B., Park, G., Lee, K., & Jeong, T. (.(1999Nowa implementacja algorytmu drzewa binarnego z dekoderem Huffmana na FPGA. Artykuł zaprezentowany na Międzynarodowej konferencji poświęconej elektronice użytkowej (ICCE), która odbyła się w 2010 r. w ramach konferencji Digest of Technical Papers International Conference on Consumer Electronics (ICCE).

4] Zhao, P., Wang, Z., & Hang, G. (2010). Optymalizacja mocy dla obwodów i systemów VLSI. Artykuł zaprezentowany na 10. międzynarodowej konferencji IEEE 2010 na temat technologii półprzewodnikowych i układów scalonych.

5] Panda, P. R., Silpa, B., Shrivastava, A., & Gummidipudi, K. (2010). Energooszczędna konstrukcja systemu: Springer
Nauka i media biznesowe.

6] Oliver, J. P., Curto, J., Bouvier, D., Ramos, M., & Boemo, E. (2012). Zegar i zegar umożliwiają redukcję mocy FPGA. Dokument przedstawiony na VIII Konferencji Południowej 2012 r. w sprawie logiki programowalnej (SPL).

Shinde, J., & Salankar, S. (2011). Zbieranie zegara - technika optymalizacji mocy dla obwodów VLSI. Dokument przedstawiony na dorocznej konferencji IEEE 2011 w Indiach (INDICON).

Uppalapati, S. (2004).Low power design of standard cell digital VLSI circuits.Thesissubmitted on Rutgers, The State Universiti of New Jersey.

9] Shinde, J., & Salankar, S. (2011). Zbieranie zegara - technika optymalizacji mocy dla obwodów VLSI. Dokument przedstawiony na dorocznej konferencji IEEE India 2011 (INDICON):1 - 4.

10] Dev, M.P., Baghel, D., Pandey, B., Pattanaik, M., &Shukla, A. (2013). Zegar bramkowany o niskiej mocy, sekwencyjny układ scalony. Dokument przedstawiony na konferencji IEEE w sprawie technologii informacyjno-komunikacyjnych (ICT) w 2013 r.:440 - 444.

[11] Nejat, M., Abdevand, M. M., & Farahani, A. M. (2013).Nowatorska topologia obwodu dla komórki zegarowej nadającej się do projektowania pod/progów. Artykuł zaprezentowany na 17. Międzynarodowym Sympozjum CSI na temat architektury komputerowej i systemów cyfrowych (CADS) 2013:45-49.

12] Sahni, K., Rawat, K., Pandey, S., & Ahmad, Z. (2014). Podejście o niskiej mocy do realizacji enkodera 8B/10B i dekodera 10B/8B używanego do szybkiej komunikacji. Dokument przedstawiony na 2. międzynarodowej konferencji w sprawie nowych trendów technologicznych w komunikacji elektronicznej i tworzeniu sieci (ET2ECN) w 2014 r.:1 - 5.

13] Sahni, K., Rawat, K., Pandey, S., & Ahmad, Z. (2015). Optymalizacja mocy systemu komunikacji przy użyciu techniki bramkowania zegarowego. Dokument przedstawiony na piątej międzynarodowej konferencji w sprawie zaawansowanych technologii obliczeniowych i komunikacyjnych (ACCT) w 2015 r.:375 - 378.

14] Sahni, K., Rawat, K., Pandey, S., & Ahmad, Z. (2014). Podejście o niskiej mocy do realizacji enkodera 8B/10B i dekodera 10B/8B używanego do szybkiej komunikacji. Dokument przedstawiony na 2. międzynarodowej konferencji w sprawie nowych trendów technologicznych w komunikacji elektronicznej i tworzeniu sieci (ET2ECN) w 2014 r.:1 - 5.

[15] JensMabberg, (2015).Ogólne kodowanie Huffmana dla drzew binarnych z możliwością wyboru długości krawędzi.Listy informacyjne do przetwarzania, 115(2015), 502-506.

16] Kulkarn., R i Kulkarni, S.Y. (2014). Wdrożenie techniki bramkowania zegarowego oraz analizy mocy dla silnika procesora (ALU) w procesorach sieciowych. Dokument przedstawiony na międzynarodowej konferencji poświęconej elektronice i systemowi łączności (ICECS -2014):1-6.

[17] Jacobson, H., Bose, P., Hu, Z., Buyuktosunoglu, A., Zyuban, V., Eickemeyer, R., & Sinharoy, B. (2005). Rozciąganie granic wydajności

bramkowania zegara w procesorach klasy serwerowej. Artykuł zaprezentowany na 11. Międzynarodowym Sympozjum HPCA z 2005 r. na temat architektury komputerowej o wysokiej wydajności: 238 - 242.

18] Kodituwakku, S., & Amarasinghe, U. (2010).Comparison of lossless data compression algorithms for text data.IJCSE Indyjski magazyn informatyki i inżynierii, 1(4): 416-425.

Sharma, M. (2010).Compression using Huffman coding.IJCSNS International Journal of Computer Science and Network Security, 10(5): 133-141.

Jones, D. W. (1988). Zastosowanie drzew rozrzuconych do kompresji danych.Komunikacja ACM, 31(8): 996-1007.

Blelloch, G.E. (2001). Wprowadzenie do kompresji danych. Wydział Informatyki, Carnegie Mellon Universiti.

[22] Wu, K., Otoo, E. J., & Shoshani, A. (2006).Optimizing bitmap indices with efficient compression.ACM Transactions on Database Systems (TODS), 31(1): 1-38.

[23] Rahal-Arabi, T., Muhtaroglu, A., & Taylor, G. (2006).Projektowanie dla małej mocy. Artykuł zaprezentowany na konferencji IEEE Electrical Performance of Electronic Packaging 2006: 3 – 6.

24] Kulkarni, R., &Kulkarni, S. (2014). Energooszczędna implementacja 16-bitowej ALU z wykorzystaniem techniki bramkowania zegarowego z włączoną blokadą. Dokument przedstawiony na dorocznej konferencji IEEE India w 2014 r. (INDICON):1 - 6.

25] Aanandam, S. K. (2007). Zegar deterministyczny z bramką do projektowania VLSI o małej mocy.

26] Czapski, P. P., & Służek, A. (2007). Techniki optymalizacji mocy w urządzeniach FPGA: Kombinacja poziomów systemowych i niskich. IJECE International Journal of Electrical, Computer and Systems Engineering, 1(3): 148-154.

[27] Brynjolfson, I., & Zilic, Z. (2000).Dynamiczne zarządzanie zegarem dla aplikacji o małej mocy w FPGA. Artykuł zaprezentowany na konferencji IEEE 2000 konferencji CICC Proceedings Custom Integrated Circuits Conference: 139 – 142.

[28] Zhang, Y., Roivainen, J., & Mämmelä, A. (2006).Clock-gating in FPGAs: Nowatorska i porównawcza ocena. Dokument przedstawiony na 9. konferencji Euromicro w 2006 r. na temat projektowania systemów cyfrowych DSD: Architektury, metody i narzędzia: 584 – 590.

29] Brown, S. D. (2007). Podstawy logiki cyfrowej z konstrukcją Verilog: Tata McGraw-Hill Education.

30] Anand, N., Joseph, G., & Oommen, S. S. (2014). Analiza wydajności i wdrożenie technik bramkowania zegarowego dla aplikacji o małej mocy. Dokument przedstawiony na międzynarodowej konferencji poświęconej badaniom naukowym w dziedzinie inżynierii i zarządzania (ICSEMR) w 2014 r.

31] Tang, B. Z., LongfieldJr, S., Bhave, S., & Manohar, R. (2012).A low power asynchronous gps baseband processor. Artykuł zaprezentowany na 18. Międzynarodowym Sympozjum IEEE 2012 na temat układów i systemów asynchronicznych (ASYNC):33 - 40.

[32] De Silva, A. M., Bailey, D. G., & Punchihewa, A. (2012).Eksploracja wdrożenia kompresji JPEG na FPGA. Dokument przedstawiony na szóstej międzynarodowej konferencji w sprawie systemów przetwarzania sygnałów i komunikacji (ICSPCS) w 2012 r.:1-9.

Thakur, R. B. (2010). Niska moc projekt implementacji modułu akwizycji sygnału.przedłożone na Kansas State Universiti.

34] Jayasekar S.V.A. (2011). Low Power Digital Design z wykorzystaniem Asynchronicznej logiki. Przedstawione na Uniwersytecie Stanowym w San Jose.

[35] Maadi, M. (2015). Obwód szyfrujący 8b/10b Serializer/Deserializer (SerDes) do zastosowań wymagających szybkiej komunikacji przy użyciu kodu transmisji z wyrównanym blokiem podziału prądu stałego 8b/10b. International Journal of Electronics and Electrical Engineering, 3(2).

36] Klimesh, M., Stanton, V., & Watola, D. (2001). Sprzętowa implementacja bezstratnego algorytmu kompresji obrazu z wykorzystaniem programowalnej macierzy bramek. Mars (Pathfinder), 4(4.69).

37] Anjana, P. (2014). FPGA based Iterative JSC Decoding of Huffman Encoded Data for a Communication System.
International Journal of Engineering Research and Technology, 3(2).

38] Shaker, M. O., & Bayoumi, M. (2011). Zegar bramkowany flipflop do zastosowań o małej mocy w CMOS 90 nm. Artykuł zaprezentowany na Międzynarodowym Sympozjum IEEE 2011 na temat obwodów i systemów (ISCAS).

[39] AnkitMitra. (2013). Zaprojektowanie i wykonanie niskonapięciowej 16-bitowej ALU z bramkowaniem zegara. International Journal of Advanced Research in Computer Engineering & Technology, 2(6).

SPIS TREŚCI

ZASTOSOWANIA

Dodatek A

Raporty z analizy mocy konstrukcji Huffmana z wykorzystaniem kompilatora mocy Synopsys 130 nm biblioteki technologicznej. Dla bramkowania zegara z funkcją AND (ang. AND based clock gating)

Częstotliwość 20MHz

```
****************************************
Raport: moc
        -analysis_effort low
Design : top_huffman1
Wersja: F-2011.09-SP1
Data    : Piątek 28 sierpnia 28 12:35:12:12 2015 r.
****************************************
Biblioteka(y) Używana(e):
     scx2_slt_130nm_rvt_tt_1p2v_25c (Plik:
/EDA/Library/ARM/sltC13GSC9/aci/sc_x/synopsys/scx2_slt_130nm_rvt_tt_
1p2v_25c.db)
Warunki eksploatacji: tt_1p2v_25c    Biblioteka:
scx2_slt_130nm_rvt_tt_1p2v_25c
Tryb ładowania liny: górny
Globalne napięcie robocze = 1,2
```

```
Specyficzne informacje o jednostce zasilającej :
     Jednostki napięciowe = 1V
     Jednostki pojemności = 1.00000000pf
     Jednostki czasu = 1ns
     Dynamiczne jednostki mocy = 1mW     (otrzymane z jednostek
V,C,T)
     Jednostki mocy upływu = 1pW
 Wewnętrzna moc ogniw =    8,6885 uW    (83%)
 Moc przełączania netto =    1,8417 uW    (17%)
                          ---------
Całkowita moc     dynamiczna = 10,5303 uW (100%)

Moc     wycieku z komórki = 161,2588 nW

                  Wewnętrzne          przełączanie
przecieków            Łącznie
Power Group       Power              Power Power Power Power Power
Power Power               Power    (    %    ) Attrs
--------------------------------------------------------------------
------------------------------
io_pad              0.0000             0.0000             0.0000
0.0000 (    0.00%)
pamięć              0,0000             0,0000             0,0000
0,0000            0,0000 (    0,00%)
black_box           0.0000             0.0000             0.0000
0.000            0 0.0000 (    0.00%)
clock_network 1.2401e-03          1.0628e-03         6.4509e+03
2.3094e-03 ( 21,60%)
rejestracja        6.9055e-03         1.7686e-04         1.0049e+05
7.1829e-03 ( 67,18%)
kolejny           0,0000             0,0000 0,0000             0,0000
0,0000 (    0,00%)
kombinacje 5.4287e-04          6.0211e-04         5.4316e+04
1.1993e-03 ( 11,22%)
--------------------------------------------------------------------
------------------------------
Ogółem            8,6885e-03 mW      1,8417e-03 mW      1,6126e+05 pW
1,0692e-02 mW
```

Częstotliwość 40MHz

```
****************************************
Raport: moc
         -analysis_effort low
Design : top_huffman1
Wersja: F-2011.09-SP1
Data    : Piątek 28 sierpnia 28 12:39:20 2015 r.
****************************************
Biblioteka(y) Używana(e):
     scx2_slt_130nm_rvt_tt_1p2v_25c (Plik:
/EDA/Library/ARM/sltC13GSC9/aci/sc_x/synopsys/scx2_slt_130nm_rvt_tt_
1p2v_25c.db)
Warunki eksploatacji: tt_1p2v_25c    Biblioteka:
scx2_slt_130nm_rvt_tt_1p2v_25c
Tryb ładowania liny: górny
Globalne napięcie robocze = 1,2
```

```
Specyficzne informacje o jednostce zasilającej :
     Jednostki napięciowe = 1V
     Jednostki pojemności = 1.00000000pf
     Jednostki czasu = 1ns
     Dynamiczne jednostki mocy = 1mW     (otrzymane z jednostek
V,C,T)
     Jednostki mocy upływu = 1pW
 Wewnętrzna moc ogniw = 17,3770 uW    (83%)
 Moc przełączania netto =    3,6835 uW    (17%)
                          ---------
Całkowita moc     dynamiczna = 21,0605 uW (100%)

Moc      wycieku z komórki = 161,2588 nW

                  Wewnętrzne          przełączanie
przecieków             Łącznie
Power Group       Power             Power Power Power Power Power
Power Power               Power    (    %    ) Attrs
--------------------------------------------------------------------
------------------------------
io_pad              0.0000              0.0000              0.0000
0.0000 (    0.00%)
pamięć              0,0000              0,0000              0,0000
0,0000             0,0000 (    0,00%)
black_box           0.0000              0.0000              0.0000
0.000             0 0.0000 (    0.00%)
clock_network 2.4803e-03          2.1256e-03          6.4509e+03
4.6123e-03 ( 21,73%)
rejestracja         1.3811e-02          3.5372e-04          1.0049e+05
1.4265e-02 ( 67,22%)
kolejny          0,0000             0,0000 0,0000             0,0000
0,0000 (    0,00%)
combinational 1.0857e-03          1.2042e-03          5.4316e+04
2.3443e-03 ( 11.05%)
--------------------------------------------------------------------
------------------------------
Ogółem           1,7377e-02 mW      3,6835e-03 mW      1,6126e+05 pW
2,1222e-02 mW
```

Częstotliwość 60MHz

```
****************************************
Raport: moc
        -analysis_effort low
Design : top_huffman1
Wersja: F-2011.09-SP1
Data    : Piątek 28 sierpnia 28 12:40:21 2015 r.
****************************************
Biblioteka(y) Używana(e):
     scx2_slt_130nm_rvt_tt_1p2v_25c (Plik:
/EDA/Library/ARM/sltC13GSC9/aci/sc_x/synopsys/scx2_slt_130nm_rvt_tt_
1p2v_25c.db)
Warunki eksploatacji: tt_1p2v_25c    Biblioteka:
scx2_slt_130nm_rvt_tt_1p2v_25c
Tryb ładowania liny: górny
Globalne napięcie robocze = 1,2
Specyficzne informacje o jednostce zasilającej :
```

Jednostki napięciowe = 1V
Jednostki pojemności = 1.00000000pf
Jednostki czasu = 1ns
Dynamiczne jednostki mocy = 1mW (otrzymane z jednostek V,C,T)
Jednostki mocy upływu = 1pW
Wewnętrzna moc ogniw = 25,7557 uW (83%)
Moc przełączania netto = 5,4175 uW (17%)

Całkowita moc dynamiczna = 31,1732 uW (100%)

Moc wycieku z ogniw = 161,6573 nW

Wewnętrzne przełączanie
przecieków Łącznie
Power Group Power Power Power Power Power Power
Power Power Power (%) Attrs
----
io_pad 0.0000 0.0000 0.0000
0.0000 (0.00%)
pamięć 0,0000 0,0000 0,0000
0,0000 0,0000 (0,00%)
black_box 0.0000 0.0000 0.0000
0.000 0 0.0000 (0.00%)
clock_network 3.7204e-03 3.1883e-03 6.4509e+03
6.9152e-03 (22,07%)
rejestracja 2.0481e-02 4.7378e-04 1.0077e+05
2.1056e-02 (67,20%)
kolejny 0,0000 0,0000 0,0000 0,0000
0,0000 (0,00%)
combinational 1.5541e-03 1.7554e-03 5.4439e+04
3.3639e-03 (10,74%)

Ogółem 2,5756e-02 mW 5,4175e-03 mW 1,6166e+05 pW
3,1335e-02 mW

Częstotliwość 80MHz
****
Raport: moc
-analysis_effort low
Design : top_huffman1
Wersja: F-2011.09-SP1
Data : Piątek 28 sierpnia 28 12:41:31 2015 r.
****
Biblioteka(y) Używana(e):
scx2_slt_130nm_rvt_tt_1p2v_25c (Plik: /EDA/Library/ARM/sltC13GSC9/aci/sc_x/synopsys/scx2_slt_130nm_rvt_tt_1p2v_25c.db)
Warunki eksploatacji: tt_1p2v_25c Biblioteka: scx2_slt_130nm_rvt_tt_1p2v_25c
Tryb ładowania liny: górny
Globalne napięcie robocze = 1,2
Specyficzne informacje o jednostce zasilającej :
Jednostki napięciowe = 1V

```
     Jednostki pojemności = 1.00000000pf
     Jednostki czasu = 1ns
     Dynamiczne jednostki mocy = 1mW     (otrzymane z jednostek
V,C,T)
     Jednostki mocy upływu = 1pW
 Wewnętrzna moc ogniw = 34,4372 uW    (83%)
 Moc przełączania netto =    7,2567 uW    (17%)
                              ---------
Całkowita moc      dynamiczna = 41,6939 uW (100%)

Moc      wycieku z komórki = 161,6117 nW

                  Wewnętrzne          przełączanie
przecieków             Łącznie
Power Group       Power             Power Power Power Power Power
Power Power               Power    (    %    ) Attrs
----------------------------------------------------------------------
-----------------------------
io_pad              0.0000              0.0000              0.0000
0.0000 (    0.00%)
pamięć              0,0000              0,0000              0,0000
0,0000            0,0000 (    0,00%)
black_box           0.0000              0.0000              0.0000
0.000             0 0.0000 (    0.00%)
clock_network 4.9605e-03          4.2511e-03          6.4509e+03
9.2181e-03 ( 22,02%)
rejestr         2.7398e-02          6.6118e-04          1.0071e+05
2.8160e-02 ( 67,28%)
kolejny            0,0000              0,0000 0,0000              0,0000
0,0000 (    0,00%)
combinational 2.0787e-03          2.3444e-03          5.4454e+04
4.4775e-03 ( 10,70%)
----------------------------------------------------------------------
-----------------------------
Ogółem             3,4437e-02 mW      7,2567e-03 mW      1,6161e+05 pW
4,1856e-02 mW1
```

Częstotliwość 100MHz

```
****************************************
Raport: moc
        -analysis_effort low
Design : top_huffman1
Wersja: F-2011.09-SP1
Data    : Piątek 28 sierpnia 28 12:42:38 2015 r.
****************************************
Biblioteka(y) Używana(e):
     scx2_slt_130nm_rvt_tt_1p2v_25c (Plik:
/EDA/Library/ARM/sltC13GSC9/aci/sc_x/synopsys/scx2_slt_130nm_rvt_tt_
1p2v_25c.db)
Warunki eksploatacji: tt_1p2v_25c    Biblioteka:
scx2_slt_130nm_rvt_tt_1p2v_25c
Tryb ładowania liny: górny
Globalne napięcie robocze = 1,2
Specyficzne informacje o jednostce zasilającej :
     Jednostki napięciowe = 1V
     Jednostki pojemności = 1.00000000pf
```

```
     Jednostki czasu = 1ns
     Dynamiczne jednostki mocy = 1mW     (otrzymane z jednostek
V,C,T)
     Jednostki mocy upływu = 1pW
 Wewnętrzna moc ogniw = 43,2332 uW     (83%)
 Moc przełączania netto =    9,1631 uW    (17%)
                           ---------
Całkowita moc     dynamiczna = 52,3963 uW (100%)

Moc      wycieku z komórki = 161,5340 nW

                  Wewnętrzne          przełączanie
przecieków            Łącznie
Power Group       Power             Power Power Power Power Power
Power Power               Power     (    %    ) Attrs
--------------------------------------------------------------------
------------------------------
io_pad             0.0000            0.0000             0.0000
0.0000 (    0.00%)
pamięć             0,0000            0,0000             0,0000
0,0000            0,0000 (    0,00%)
black_box          0.0000            0.0000             0.0000
0.000           0 0.0000 (    0.00%)
clock_network 6.2006e-03        5.3139e-03         6.4509e+03
1.1521e-02 ( 21,92%)
rejestr        3.4359e-02        8.6207e-04         1.0065e+05
3.5322e-02 ( 67,21%)
kolejny           0,0000            0,0000 0,0000             0,0000
0,0000 (    0,00%)
combinational 2.6732e-03        2.9871e-03         5.4430e+04
5.7148e-03 ( 10,87%)
--------------------------------------------------------------------
------------------------------
Ogółem            4,3233e-02 mW     9,1631e-03 mW      1,6153e+05 pW
5,2558e-02 mW
```

Załącznik B

Raporty z analizy mocy konstrukcji Huffmana z wykorzystaniem kompilatora mocy Synopsys 130 nm biblioteki technologicznej. Do bramkowania z zegarem zatrzaskowym

```
Częstotliwość 20MHz
****************************************
Raport: moc
         -analysis_effort low
Design : top_huffman1
Wersja: F-2011.09-SP1
Data    : Piątek 28 sierpnia 28 12:22:33 2015 r.
****************************************
Biblioteka(y) Używana(e):
     scx2_slt_130nm_rvt_tt_1p2v_25c (Plik:
/EDA/Library/ARM/sltC13GSC9/aci/sc_x/synopsys/scx2_slt_130nm_rvt_tt_
1p2v_25c.db)
Warunki eksploatacji: tt_1p2v_25c    Biblioteka:
scx2_slt_130nm_rvt_tt_1p2v_25c
Tryb ładowania liny: górny
```

```
Globalne napięcie robocze = 1,2
Specyficzne informacje o jednostce zasilającej :
     Jednostki napięciowe = 1V
     Jednostki pojemności = 1.00000000pf
     Jednostki czasu = 1ns
     Dynamiczne jednostki mocy = 1mW     (otrzymane z jednostek
V,C,T)
     Jednostki mocy upływu = 1pW
 Wewnętrzna moc ogniw =    9,0378 uW    (83%)
 Moc przełączania netto =    1,8429 uW    (17%)
                         ---------
Całkowita moc     dynamiczna = 10,8806 uW (100%)

Moc      wycieku z ogniw = 162,2235 nW
                  Wewnętrzne          przełączanie
przecieków             Łącznie
Power Group       Power             Power Power Power Power Power
Power Power                Power    (    %    ) Attrs
--------------------------------------------------------------------
------------------------------
io_pad              0.0000              0.0000              0.0000
0.0000 (    0.00%)
pamięć              0,0000              0,0000              0,0000
0,0000               0,0000 (    0,00%)
black_box           0.0000              0.0000              0.0000
0.000           0 0.0000 (    0.00%)
clock_network 1.1768e-03          1.0626e-03          6.0505e+03
2.2454e-03 ( 20,33%)
rejestr          7.3181e-03          1.7831e-04          1.0186e|05
7.5983e-03 ( 68,81%)
kolejny          0,0000              0,0000 0,0000              0,0000
0,0000 (    0,00%)
kombinacje 5.4287c 04          6.0198e-04          5.4316e+04
1.1992e-03 ( 10,86%)
--------------------------------------------------------------------
------------------------------
Ogółem           9,0378e-03 mW      1,8429e-03 mW      1,6222e+05 pW
1,1043e-02 mW
```

Częstotliwość 40MHz

```
****************************************
Raport: moc
         -analysis_effort low
Design : top_huffman1
Wersja: F-2011.09-SP1
Data    : Piątek 28 sierpnia 28 12:25:50 2015 r.
****************************************
Biblioteka(y) Używana(e):
     scx2_slt_130nm_rvt_tt_1p2v_25c (Plik:
/EDA/Library/ARM/sltC13GSC9/aci/sc_x/synopsys/scx2_slt_130nm_rvt_tt_
1p2v_25c.db)
Warunki eksploatacji: tt_1p2v_25c    Biblioteka:
scx2_slt_130nm_rvt_tt_1p2v_25c
Tryb ładowania liny: górny
Globalne napięcie robocze = 1,2
Specyficzne informacje o jednostce zasilającej :
     Jednostki napięciowe = 1V
```

```
     Jednostki pojemności = 1.00000000pf
     Jednostki czasu = 1ns
     Dynamiczne jednostki mocy = 1mW     (otrzymane z jednostek
V,C,T)
     Jednostki mocy upływu = 1pW
 Wewnętrzna moc ogniw = 17,9180 uW    (83%)
 Moc przełączania netto =    3,6282 uW    (17%)
                             ---------
Całkowita moc     dynamiczna = 21,5462 uW (100%)

Moc      wycieku z ogniw = 162,5607 nW

                  Wewnętrzne           przełączanie
przecieków             Łącznie
Power Group       Power               Power Power Power Power Power
Power Power               Power    (    %    ) Attrs
--------------------------------------------------------------------
----------------------------
io_pad              0.0000              0.0000              0.0000
0.0000 (    0.00%)
pamięć              0,0000              0,0000              0,0000
0,0000            0,0000 (    0,00%)
black_box           0.0000              0.0000              0.0000
0.000           0 0.0000 (    0.00%)
clock_network 2.3535e-03          2.1252e-03          6.0505e+03
4.4847e-03 ( 20,66%)
rejestr        1.4525e-02          3.3109e-04          1.0206e+05
1.4958e-02 ( 68,90%)
kolejny            0,0000             0,0000 0,0000             0,0000
0,0000 (    0,00%)
combinational 1.0393e-03          1.1719e-03          5.4454e+04
2.2657e-03 ( 10,44%)
--------------------------------------------------------------------
----------------------------
Ogółem             1,7918e-02 mW     3,6282e-03 mW     1,6256e+05 pW
2,1709e-02 mW
1
```

Częstotliwość 60MHz

```
****************************************
Raport: moc
        -analysis_effort low
Design : top_huffman1
Wersja: F-2011.09-SP1
Data    : Piątek 28 sierpnia 28 12:26:59 2015 r.
****************************************
Biblioteka(y) Używana(e):
     scx2_slt_130nm_rvt_tt_1p2v_25c (Plik:
/EDA/Library/ARM/sltC13GSC9/aci/sc_x/synopsys/scx2_slt_130nm_rvt_tt_
1p2v_25c.db)
Warunki eksploatacji: tt_1p2v_25c    Biblioteka:
scx2_slt_130nm_rvt_tt_1p2v_25c
Tryb ładowania liny: górny
Globalne napięcie robocze = 1,2
Specyficzne informacje o jednostce zasilającej :
```

```
     Jednostki napięciowe = 1V
     Jednostki pojemności = 1.00000000pf
     Jednostki czasu = 1ns
     Dynamiczne jednostki mocy = 1mW     (otrzymane z jednostek
V,C,T)
     Jednostki mocy upływu = 1pW
 Wewnętrzna moc ogniw = 26,9868 uW    (83%)
 Moc przełączania netto =    5,4946 uW    (17%)
                                 ---------
Całkowita moc     dynamiczna = 32,4814 uW (100%)

Moc      wycieku z komórki = 162,4809 nW

                  Wewnętrzne          przełączanie
przecieków             Łącznie
Power Group       Power                 Power Power Power Power Power
Power Power                Power    (    %    ) Attrs
--------------------------------------------------------------------
------------------------------
io_pad                0.0000              0.0000              0.0000
0.0000 (    0.00%)
pamięć                0,0000              0,0000              0,0000
0,0000               0,0000 (    0,00%)
black_box             0.0000              0.0000              0.0000
0.000              0 0.0000 (    0.00%)
clock_network 3.5303e-03           3.1877e-03          6.0505e+03
6.7241e-03 ( 20,60%)
rejestr          2.1853e-02           5.1495e-04          1.0200e+05
2.2469e-02 ( 68,83%)
kolejny          0,0000              0,0000 0,0000                0,0000
0,0000 (    0,00%)
combinational 1.6039e-03           1.7919e-03          5.4430e+04
3.4503e-03 ( 10,57%)
--------------------------------------------------------------------
------------------------------
Ogółem           2,6987e-02 mW      5,4946e-03 mW      1,6248e+05 pW
3,2644e-02 mW
1
```

Częstotliwość 80MHz

```
****************************************
Raport: moc
         -analysis_effort low
Design : top_huffman1
Wersja: F-2011.09-SP1
Data    : Piątek 28 sierpnia 28 12:28:29 2015 r.
****************************************
Biblioteka(y) Używana(e):
     scx2_slt_130nm_rvt_tt_1p2v_25c (Plik:
/EDA/Library/ARM/sltC13GSC9/aci/sc_x/synopsys/scx2_slt_130nm_rvt_tt_
1p2v_25c.db)
Warunki eksploatacji: tt_1p2v_25c    Biblioteka:
scx2_slt_130nm_rvt_tt_1p2v_25c
Tryb ładowania liny: górny
Globalne napięcie robocze = 1,2
```

```
Specyficzne informacje o jednostce zasilającej :
     Jednostki napięciowe = 1V
     Jednostki pojemności = 1.00000000pf
     Jednostki czasu = 1ns
     Dynamiczne jednostki mocy = 1mW     (otrzymane z jednostek
V,C,T)
     Jednostki mocy upływu = 1pW
 Wewnętrzna moc ogniw = 36,1511 uW    (83%)
 Moc przełączania netto =    7,3715 uW    (17%)
                          ---------
Całkowita moc     dynamiczna = 43,5225 uW (100%)

Moc      wycieku z ogniw = 162,2235 nW

                  Wewnętrzne          przełączanie
przecieków            Łącznie
Power Group       Power             Power Power Power Power Power
Power Power               Power    (   %    ) Attrs
--------------------------------------------------------------------------
------------------------------
io_pad              0.0000              0.0000              0.0000
0.0000 (    0.00%)
pamięć              0,0000              0,0000              0,0000
0,0000             0,0000 (     0,00%)
black_box           0.0000              0.0000              0.0000
0.000             0 0.0000 (     0.00%)
clock_network 4.7071e-03          4.2503e-03          6.0505e+03
8.9634e-03 ( 20,52%)
rejestr         2.9273e-02         7.1323e-04         1.0186e+05
3.0088e-02 ( 68,87%)
kolejny            0,0000              0,0000 0,0000              0,0000
0,0000 (    0,00%)
combinational 2.1715e-03          2.4079e-03          5.4316e+04
4.6337e-03 ( 10,61%)
--------------------------------------------------------------------------
------------------------------
Ogółem             3,6151e-02 mW      7,3715e-03 mW      1,6222e+05 pW
4,3685e-02 mW
1
```

Częstotliwość 100MHz

```
****************************************
Raport: moc
        -analysis_effort low
Design : top_huffman1
Wersja: F-2011.09-SP1
Data    : Piątek 28 sierpnia 28 12:30:11 2015 r.
****************************************
Biblioteka(y) Używana(e):
     scx2_slt_130nm_rvt_tt_1p2v_25c (Plik:
/EDA/Library/ARM/sltC13GSC9/aci/sc_x/synopsys/scx2_slt_130nm_rvt_tt_
1p2v_25c.db)
Warunki eksploatacji: tt_1p2v_25c    Biblioteka:
scx2_slt_130nm_rvt_tt_1p2v_25c
Tryb ładowania liny: górny
```

```
Globalne napięcie robocze = 1,2
Specyficzne informacje o jednostce zasilającej :
     Jednostki napięciowe = 1V
     Jednostki pojemności = 1.00000000pf
     Jednostki czasu = 1ns
     Dynamiczne jednostki mocy = 1mW     (otrzymane z jednostek
V,C,T)
     Jednostki mocy upływu = 1pW

 Wewnętrzna moc ogniw = 45.1888 uW    (83%)
 Moc przełączania netto =    9,2143 uW    (17%)
                           ---------
Całkowita moc     dynamiczna = 54,4031 uW (100%)

Moc      wycieku z ogniw = 162,2235 nW

                  Wewnętrzne          przełączanie
przecieków            Łącznie
Power Group       Power                Power Power Power Power Power
Power Power               Power     (    %    ) Attrs
---------------------------------------------------------------------
----------------------------
io_pad              0.0000             0.0000             0.0000
0.0000 (    0.00%)
pamięć              0,0000             0,0000             0,0000
0,0000             0,0000 (    0,00%)
black_box           0.0000             0.0000             0.0000
0.000            0 0.0000 (    0.00%)
clock_network 5.8838e-03           5.3129e-03          6.0505c+03
1.1203e-02 ( 20,53%)
rejestr         3.6591e-02          8.9153e-04          1.0186e+05
3.7584e-02 ( 68,88%)
kolejny            0,0000             0,0000 0,0000             0,0000
0,0000 (    0,00%)
combinational 2.7143e-03           3.0099e-03          5.4316e+04
5.7786e-03 ( 10,59%)
---------------------------------------------------------------------
----------------------------
Ogółem              4,5189e-02 mW      9,2143e-03 mW      1,6222e+05 pW
5,4565e-02 mW
```

BIODATA AUTORA

Maan Hameed Mohammed urodził się w grudniu 1980 roku w Diyala, Irak. W 2003 r. uzyskał tytuł licencjata AL-Technology University w dziedzinie systemów komputerowych i komunikacyjnych. W latach 2005-2007 był wykładowcą w szkole średniej. W latach 2007-2013 pracował jako inżynier utrzymania ruchu w systemach monitorowania sejsmicznego w zaporach wodnych. Ponadto uzyskał tytuł magistra informatyki i inżyniera systemów wbudowanych na Uniwersytecie Putra Malaysia, 2016. Jego zainteresowania naukowe obejmują projektowanie Huffmana, implementację FPGA, kompilator

Synopsys oraz zastosowanie technik małej mocy w projektowaniu cyfrowym. Obecnie pracuje jako inżynier w Ministerstwie Zasobów Wodnych Iraku. On ma wiele badań papieru opublikowanych jak pokazano w wykazie publikacji poniżej:

Wykaz publikacji

Maan Hameed., A. Khmag., F.Z. Rokhani., A. R. Ramli. (2015). VLSI Wdrożenie projektu Huffmana z wykorzystaniem FPGA z kompleksową analizą ograniczeń mocy. International Journal of Advanced Research in Computer Science and Software Engineering (IJARCSSE), 5(6): 49-54.

Maan Hameed., F.Z. Rokhani., A.R. Ramli. (2015). Podejście o niskiej mocy do wdrożenia kodowania Huffmana dla wysokiej kompresji danych. International Journal of Advances in Electronics and Computer Science (IJAECS), 2(12): 98-101.

Maan Hameed., A. Khmag., F.Z. Rokhani., A. R. Ramli. (2016). Nowa bezstratna metoda kodowania Huffmana dla procesu kompresji i dekompresji danych tekstowych z implementacją FPGA. Journal of Engineering and Applied Sciences.11 (3):402-406

Maan Hameed., A. Khmag., F.Z. Rokhani., A. R. Ramli. (2017). Technologia CMOS wykorzystująca techniki bramkowania z zegarem z buforem trójstanowym. Walailak Journal of Science and Technology (WJST). V14.No 4.

Maan Haeed., Hussein Shakor., Intesar Razak. (2017). Kompresja tekstu o niskiej mocy do kodowania Huffmana przy użyciu Altera FPGA z kontrolerem zarządzania energią. Artykuł przedłożony na I Międzynarodowej Konferencji Naukowej Nauk Inżynieryjnych 2018 r. - III Konferencja Naukowa Nauk Inżynieryjnych (ISCES). 978-1-5386-1498-3/ 18/31.00$©2018 IEEE.

Maan Hameed., Hussein Shakor. (2017). Zaprojektowanie i wdrożenie techniki bramkowania z zegarem o niskiej mocy w 16-bitowym obwodzie ALU. Journal of Engineering and Applied Sciences, Medwell Journals (przyjęte) .

[7] **Maan Hameed**., Hussein Shakor.(2018) Wbudowana architektura rozszerzeń brzegowych dla wielopoziomowej, opartej na podnoszeniu i odwrotnej transformacji fal, czasopismo Maxwell (przesłane).

Printed by Books on Demand GmbH, Norderstedt / Germany